ChatGPT expliqué aux enfants et aux ados

Yasmina SALMANDJEE

Ω

Je dédie ce livre à mes enfants adorés. À Shanti, mon fils, un grand lecteur passionné par les mangas, l'écologie et la technologie. Son amour pour l'écriture et sa curiosité insatiable me font souvent penser à un chercheur avide de savoir. Son esprit vif et sa passion pour la découverte sont une source constante d'inspiration pour moi.

Et à **Maiya**, ma fille, une véritable artiste qui chante, danse, dessine et écrit avec une passion et un talent qui me surprennent toujours. Sa créativité sans limites et sa vision unique du monde me poussent à continuer d'écrire, d'explorer et de rêver.

DÉCOUVRE, JOUE ET APPRENDS AVEC
L'INTELLIGENCE ARTIFICIELLE !

PRÉFACE

"Maman, pourquoi le ciel il est bleu ?"

"Papa, pourquoi l'herbe elle verte ?"

"Tonton, pourquoi il y a des billets qui tombent dans le distributeur ?"

…

Salut, toi !

As-tu déjà entendu dire que la curiosité est un vilain défaut ?

Nous, on pense tout le contraire.

La curiosité, c'est tu sais cette petite étincelle qui vibre à l'intérieur de toi et qui te pousse à explorer le monde qui t'entoure.

C'est grâce à la curiosité que les plus grandes découvertes ont été faites et que les inventions les plus incroyables ont été créées.

C'est une super qualité que tu dois chérir et développer !

Et si Papa, Maman ou Tonton n'ont pas le temps de répondre à toutes tes questions, sache qu'un nouvel ami t'attends : il s'appelle ChatGPT.

ChatGPT ?

ChatGPT est plus qu'un simple robot. Il est un exemple d'une technologie fantastique appelée intelligence artificielle, ou IA pour faire court.

L'IA est une façon pour les ordinateurs de "penser" un peu comme des humains.

Ils peuvent apprendre de nouvelles choses, comprendre le langage et même résoudre des problèmes.

C'est un robot qui répond aux questions comme un humain très intelligent et toujours disponible.

Grâce à lui, tu pourras apprendre plein de choses intéressantes, construire de supers projets et devenir la meilleure version de toi même une fois adulte.

Tu connais le duo Sacha + Pikachu ?

Le duo Toi + ChatGPT sera encore plus électrique !

ChatGPT sera ton meilleur allié pendant tout ton voyage sur terre.

ChatGPT utilise une technologie de pointe qui peut te donner des réponses précises à des questions très variées.

Tu te demandes pourquoi le ciel est bleu ? ChatGPT a la réponse. Pourquoi l'herbe est verte ? ChatGPT a la réponse. Pourquoi les feuilles des arbres changent de couleur en automne ? ChatGPT a la réponse.

Comment écrire un poème ou résoudre un problème de maths difficile ?

ChatGPT peut t'aider.

J'ai dit t'aider, pas faire à ta place.

Je t'ai à l'œil ! Tu verras plus loin qu'il faut utiliser ChatGPT de façon responsable.

Jeune lecteur, je veux aussi que tu mesures la chance que tu as d'avoir un tel outil à ta disposition.

A notre époque, quand on voulait comprendre quelque chose, on était obligé de lire des livres tout poussiéreux écrits par des gens compliqués.

On devait aller à la bibliothèque, emprunter des livres pour comprendre tout un tas de choses écrites en tout petit dans un langage complexe jusqu'à refermer le livre, bobo a la tête.

Toi, ce n'est pas ton cas, alors profites-en.

ChatGPT sait être ludique et sait s'adapter à ta personne, à condition de savoir lui demander on te l'expliquera un peu plus loin.

Il utilise un langage simple et clair pour t'expliquer des choses compliquées.

C'est comme avoir un professeur privé toujours à ta disposition ! Et gratuitement.

Trop bien non ?

« Mais j'ai entendu que ChatGPT c'était pas bien. »

Certains disent en effet que ChatGPT peut aider à tricher, ou qu'il peut remplacer les emplois, ou encore qu'il espionne les gens. Mais ce n'est pas tout à fait vrai. Tu sais, c'est un peu comme quand tu utilises un jouet. Tu peux t'amuser avec, construire un château ou blesser quelqu'un selon ton utilisation. C'est un peu pareil avec ChatGPT.

ChatGPT peut t'aider à apprendre, mais il ne doit pas être utilisé pour tricher.

Si quelqu'un utilise mal un jouet et s'en sert pour blesser son copain, on lui dit que ce n'est pas bien, n'est-ce pas ? Jusqu'à le punir et lui confisquer son jouet ?

De même, si quelqu'un triche avec ChatGPT, ce n'est pas bien non plus et il finira par être puni.

Avertissement passé, maintenant comment ChatGPT peut-il t'aider ?

À l'école, on t'apprend par exemple qu'une phrase est composée d'un sujet, d'un verbe et d'un complément.

« Olala mais c'est quoi tout ça ? »

Justement !

Une fois rentré(e) à la maison, demande à ChatGPT de t'expliquer comment se décompose une phrase.

Il sera ravi de t'aider !

Et si tu as du mal à comprendre la différence entre complément d'objet direct et indirect, ChatGPT pourra te l'expliquer jusqu'à ce que tu comprennes.

Tu peux discuter autant que tu veux avec lui, il sera toujours là pour toi.

Et ce n'est pas tout !

Imagine que tu veuilles écrire une histoire pour un devoir d'école, mais que tu ne sais pas par où commencer.

Tu peux demander à ChatGPT de te donner des idées.

Il peut même te montrer comment organiser ton histoire, créer des personnages intéressants et écrire des dialogues captivants.

N'oublie jamais que tu es génial(e).

Une petite graine a tout ce qu'il faut en elle pour devenir la plus magnifique des plantes.

Elle a juste besoin d'être plantée dans de la bonne terre et d'être arrosée régulièrement.

Toi, tu es comme cette petite graine !

Planté dans la terre fertile de l'intelligence artificielle et arrosé régulièrement par les informations de ChatGPT, tu grandiras et finira par devenir la meilleure version de toi-même une fois adulte.

Tu regarderas en arrière et te diras que nous avions raison.

Je le répète, ChatGPT sera ton meilleur allié pendant ton voyage sur terre.

Et comme chaque nouvel appareil à besoin d'un manuel ou d'un tutoriel pour être bien utilisé, ChatGPT a besoin lui aussi d'un manuel d'utilisation écrit spécialement pour les enfants et adolescents qui sont différent des adultes.

C'est pour eux que Yasmina Salmandjee a écrit ce livre.

La seule personne qui a pensé aux adultes de demain et l'IA en écrivant cet ouvrage.

Un guide ultime, complet, et unique en son genre pour les enfants, adolescents et enfin les parents.

Nous espérons que tu te réjouis autant que nous de commencer cette aventure. Alors, prépare-toi à entrer dans le monde fascinant de l'intelligence artificielle avec ChatGPT !

Emmanuel Baudrier
Cheerful young AI french expert

Bienvenue !

Entrez dans le monde fascinant de l'IA avec cet ouvrage unique qui fait la lumière sur ChatGPT, l'un des outils d'intelligence artificielle les plus impressionnants du 21ème siècle. Conçu pour les enfants de 6 à 11 ans, ce guide interactif est rempli d'explications claires, d'exemples ludiques et d'activités pratiques qui rendent l'apprentissage de l'IA à la fois amusant et éducatif.

C'est une invitation à l'exploration : toi, cher lecteur, découvre ce qu'est ChatGPT, comment il fonctionne, et surtout, comment tu peux l'utiliser pour créer, apprendre et t'amuser. Conçois un manga, imagine un animal fantastique, invente une nouvelle langue secrète, crée un jeu de société... les possibilités sont infinies et ne dépendent que de ta curiosité et de ton imagination.

Mais ce n'est pas tout, le livre propose également des chapitres dédiés aux parents, aux grands-parents et aux enseignants, offrant ainsi une ressource précieuse pour tous ceux qui souhaitent comprendre et naviguer dans le monde de l'IA avec leurs enfants ou leurs élèves.

Avec "ChatGPT expliqué aux enfants", l'IA devient accessible, compréhensible et amusante pour tous. Prépare-toi pour une aventure palpitante au cœur de l'IA et découvre un monde de connaissances et de créativité qui t'attend.

Yasmina, ton guide dans cette exploration, est par ailleurs à ton écoute. N'hésite pas à lui écrire à YasminaChatGPT@gmail.com pour recevoir des informations exclusives, des conseils et des infos sur ses prochains livres ou juste lui dire si tu as aimé ce livre, cela lui fera plaisir.

Alors, prêt pour l'aventure ? Ouvre le livre et laisse ChatGPT te surprendre !

Merci, cher lecteur.

Yasmina Salmandjee

PS : nous avons laissé quelques pages blanches ici et là pour que tu puisses prendre des notes, dessiner, coder ou faire ce que tu veux !

CHATGPT EXPLIQUÉ AUX ENFANTS : DÉCOUVRE, JOUE ET APPRENDS AVEC L'INTELLIGENCE ARTIFICIELLE !

Bonjour, jeunes explorateurs ! Êtes-vous prêts pour un voyage passionnant dans le monde de la technologie ? Rencontrez ChatGPT, un robot intelligent et amical qui vit à l'intérieur des ordinateurs. ChatGPT adore parler, répondre aux questions et apprendre de nouvelles choses.

Ce livre vous emmènera dans un voyage incroyable où vous apprendrez comment ChatGPT parle et comprend nos mots, qui sont ses autres amis IA, comment ChatGPT apprend, et les choses incroyables que ChatGPT peut faire. Vous apprendrez également les règles pour rester en sécurité tout en interagissant avec ChatGPT et d'autres amis IA.

Rejoignez-nous dans cette aventure et explorez le monde de l'intelligence artificielle avec ChatGPT. Vous êtes sur le point de découvrir les secrets de la technologie la plus avancée juste à portée de main !

UN MOT POUR LES PARENTS

Embarquez pour un voyage passionnant avec ChatGPT, un robot amical et intelligent qui vit à l'intérieur des ordinateurs. Plongez dans son monde et découvrez comment il communique, apprend et nous aide dans notre vie quotidienne.

Ce un livre interactif est conçu pour initier les enfants aux merveilles de l'intelligence artificielle de manière amusante et engageante. Les enfants apprendront à connaître ChatGPT et d'autres formes d'intelligence artificielle, comprendront comment ils apprennent et grandissent, verront leurs incroyables capacités et comprendront l'importance de la sécurité lors de l'interaction avec eux.

Avec un langage facile à comprendre, ce livre rendra l'apprentissage de l'IA une expérience amusante et enrichissante. Parfait pour les jeunes explorateurs âgés de 6 ans et plus !

Si vous souhaitez approfondir vos propres connaissances de ChatGPT, n'hésitez pas à consulter l'ouvrage **ChatGPT pour les Nuls**, Éditions First, du même auteur que celui que vous parcourez en ce moment !

PS : est-ce que le présent livre a été écrit par ChatGPT ? En petite partie oui, car l'auteur se sert parfois de ses compétences pour remanier certains contenus écrits de toutes pièces, eux. Les images d'illustrations ont quant à elles toutes été créées par une intelligence artificielle, sauf celle-ci-dessus !

Introduction

Salut à toi, jeune explorateur ! Je suis ravi de te présenter ce guide tout à fait spécial. Oui, tu as bien entendu, c'est spécial car on va parler de quelque chose d'extraordinaire. Tu es prêt ? Alors, accroche-toi bien, on va faire un voyage dans le monde de l'Intelligence Artificielle. Ne t'inquiète pas, ce n'est pas aussi compliqué que ça en a l'air. En fait, c'est même assez cool !

Dans ce livre, nous allons parler d'un assistant vraiment mortel que tu peux contacter sur ton ordinateur ou ton smartphone. Il s'appelle ChatGPT. Il est un peu différent des autres amis que tu pourrais avoir car, eh bien, il n'est pas un humain. Il est un programme informatique très intelligent. Et le meilleur ? Il est là pour t'aider à découvrir, à jouer et à apprendre plein de nouvelles choses. On dirait presque un super-héros, n'est-ce pas ?

Ensemble, nous allons découvrir comment tu peux discuter avec ChatGPT, lui poser des questions et même jouer avec lui. Tu veux créer ton propre manga ou imaginer une nouvelle langue secrète ? Pas de problème, ChatGPT est là pour t'aider !

Mais comme tout le monde, ChatGPT a aussi ses limites. Il ne sait pas tout et il peut faire des erreurs. Parfois, il a même besoin de lunettes de soleil pour voir le futur... Enfin, pas vraiment, mais tu comprendras mieux quand tu liras le livre.

Ce voyage sera plein d'aventures et de découvertes. Nous allons rire, nous amuser et, surtout, apprendre plein de nouvelles choses. Alors, es-tu prêt à commencer cette aventure avec moi et ChatGPT ? Je te promets que ce sera amusant. Allez, c'est parti !

Ah, et n'oublie pas : même si ChatGPT est très intelligent, c'est toujours toi le patron. Ou la patronne, bien sûr ! C'est toi qui décides ce que tu veux faire ou apprendre. Ne l'oublie jamais, d'accord ?

Maintenant, ouvre grand tes yeux, déchaîne ta créativité et prépare-toi à plonger dans le monde fascinant de l'Intelligence Artificielle avec ChatGPT. C'est parti pour l'aventure !

ORGANISATION DU LIVRE

Bonjour à toi, futur maître de l'Intelligence Artificielle ! Prêt à découvrir comment ce livre est organisé ? On y va !

Chapitre 1 - Faisons connaissance avec ChatGPT

Ici, tu vas découvrir qui est ChatGPT, comment il fonctionne, ses super pouvoirs et aussi ses limites. Oui, même lui a des limites !

Chapitre 2 - C'est parti pour l'aventure avec ChatGPT !

Dans ce chapitre, tu apprendras comment parler avec ChatGPT, comment commencer et terminer une conversation, et comment l'aider à s'améliorer. Oui, tu peux être son professeur aussi !

Chapitre 3 - Quand ChatGPT se perd un peu...

ChatGPT peut parfois se tromper. Il a du mal à voir le futur et il ne sait pas toujours tout ce qui se passe sur Internet. On va explorer ces limitations ensemble.

Chapitre 4 - Les mystères de ChatGPT

Ici, on va parler des choses étranges que ChatGPT peut faire. Parfois, il change de réponse ou refuse de parler de certains sujets. C'est mystérieux, n'est-ce pas ?

Chapitre 5 - S'amuser et apprendre avec ChatGPT

Dans ce chapitre, on va voir comment tu peux utiliser ChatGPT pour t'amuser et apprendre. Tu veux créer un manga, une ville de rêve ou même inventer une langue secrète ? Tu trouveras tout ici !

Chapitre 6 - ChatGPT pour les parents

Ce chapitre est pour tes parents. Ils peuvent apprendre comment ChatGPT peut t'aider à apprendre et à explorer le monde.

Chapitre 7 - ChatGPT pour les enseignants

Ce chapitre est pour tes enseignants. Ils peuvent apprendre comment utiliser ChatGPT en classe pour rendre l'apprentissage encore plus amusant !

Ensuite, tu trouveras des sections spéciales pour différentes tranches d'âge, des activités pour les parents, les grands-parents et les enseignants. Et pour finir, on a un super dictionnaire de l'IA et de l'informatique pour te transformer en véritable expert.

Alors, es-tu prêt à découvrir tout ça ? C'est parti, embarquons dans cette incroyable aventure avec ChatGPT !

POURQUOI CE LIVRE EST GÉNIAL

Cher explorateur, tu te demandes peut-être : "Pourquoi ce livre est-il si génial ?" (ou peut-être même pourquoi n'est-il pas nul ?) Laisse-moi te le dire. En toute modestie bien sûr.

D'abord, ce livre te présente ChatGPT, une Intelligence Artificielle étonnante. Il ne s'agit pas d'un simple livre d'informatique, non, non ! C'est un véritable guide de voyage à travers le monde fascinant de l'IA. Imagine-toi explorer une jungle pleine de connaissances, des secrets cachés et des découvertes inattendues - c'est ce qui t'attend ici !

Deuxièmement, ce livre n'est pas juste pour lire. Il est interactif ! Tu peux l'utiliser pour discuter avec ChatGPT, pour apprendre et pour créer. Tu veux écrire une pièce de théâtre, dessiner un manga, inventer une langue secrète ou même construire ta propre ville de rêve ? Ce livre te montrera comment faire tout cela avec ChatGPT. Oui, tu as bien lu ! Ce livre te transformera en créateur, pas seulement en lecteur.

Troisièmement, ce livre est aussi pour tes parents et tes enseignants. Il les aidera à comprendre ChatGPT et à voir comment ils peuvent t'accompagner dans ton voyage d'apprentissage avec l'IA. C'est un livre qui rapproche les générations et facilite l'apprentissage ensemble.

Enfin, ce livre est tout simplement amusant ! Il est rempli, je l'espère, d'humour, de surprises et d'aventures. Oui, on peut apprendre en s'amusant, et ce livre te le prouvera.

Alors, es-tu prêt à découvrir par toi-même pourquoi ce livre est génial ? Ouvre-le et plonge dans l'univers passionnant de ChatGPT !

À PROPOS DE L'AUTEUR DE CE LIVRE

Je suis Yasmina Salmandjee, une exploratrice de l'informatique et une fervente défenseure de l'éducation numérique. Avec plus de 20 ans d'expérience dans le domaine des technologies, j'ai écrit plusieurs livres, dont "ChatGPT pour les Nuls", un guide complet sur l'intelligence artificielle qui a su captiver les adultes comme de jeunes lecteurs.

J'ai une mission : faire en sorte que les nouvelles générations s'intéressent à l'IA et, en particulier, à ChatGPT. Pourquoi ? Parce que je suis convaincue que l'IA peut déchaîner une créativité sans précédent et ouvrir des voies inexplorées pour l'avenir. Pour se préparer à ce futur en pleine transformation, comprendre et maîtriser l'IA est, selon moi, non seulement bénéfique, mais essentiel.

C'est dans cette optique que j'ai écrit "ChatGPT expliqué aux enfants", un livre qui rend l'IA accessible, compréhensible et amusante pour les plus jeunes. Un livre qui, j'espère, contribuera à former une génération d'enfants prêts à embrasser le futur avec confiance et créativité.

CHAPITRE 1
FAISONS CONNAISSANCE AVEC

CHATGPT

Dans ce chapitre, tu découvriras :

- C'est quoi ce ChatGPT ?

- ChatGPT, à quoi ça sert vraiment ?

- Ce que ChatGPT n'est pas

- Des mots super importants : prompt et contexte

- ChatGPT ou moteur de recherche, c'est quoi la différence ?

- Les petites imperfections de ChatGPT

Allez, on plonge tout de suite ! C'est quoi ce ChatGPT ? À quoi ça sert vraiment ? C'est ce que tu vas découvrir ici. Si tu ne comprends pas un mot, n'hésite pas à consulter le « Le petit dictionnaire de l'IA et de l'informatique pour les jeunes explorateurs » tout à la fin de ce livre, ou à demander de l'aide à un adulte de ton entourage !

Tu vas faire la connaissance du *prompt* et du *contexte*, deux copains inséparables de ChatGPT.

Certains disent que ChatGPT pourrait devenir le nouveau meilleur ami de Google. Vraiment ? On va essayer de comprendre ça ensemble.

Et puis, tu vas voir, ChatGPT n'est pas tout à fait parfait et a quelques petites imperfections…
C'est quoi ce ChatGPT ?

Si tu tapes "ChatGPT" dans Google ou si tu demandes à ChatGPT de se présenter, tu vas voir, tu vas trouver plein de réponses différentes. « Système d'intelligence artificielle », « programme informatique », « plateforme de discussion », « invention révolutionnaire », « modèle de langage », ou encore « super-robot de conversation » : il y a de quoi être un peu perdu, non ?!

Alors, pour bien comprendre, commençons par le début : ChatGPT signifie en fait Chat Generative Pre-trained Transformer. Oui, je sais, ça fait beaucoup de mots compliqués. Mais ne t'inquiète pas, on va tout expliquer :

• Chat : tu sais ce que c'est, un chat, non ? Non, pas le petit animal qui ronronne ! Ici, chat veut dire « discussion ». Tu as sûrement déjà utilisé un chat en ligne pour discuter avec des amis ou avec des robots. Eh bien, ici, c'est un peu pareil : avec ChatGPT, tu peux discuter avec un super robot intelligent !

• GPT : ce sont les initiales de Generative Pre-trained Transformer. C'est un terme qu'on n'entend pas souvent, c'est vrai ! C'est une technologie super avancée qui permet à ChatGPT de comprendre et de parler notre langue.

Donc, pour faire simple, ChatGPT est un super robot avec qui tu peux discuter en utilisant ton langage de tous les jours. Tu peux lui poser toutes sortes de questions, et il te répondra comme si c'était un vrai humain !

En d'autres mots, avec ChatGPT, tu peux avoir des conversations super intéressantes, poser des questions, demander de l'aide pour tes devoirs ou juste discuter. Et tout ça, en utilisant des phrases normales, comme si tu parlais à ton meilleur ami.

Dans la pratique, et pour les plus curieux d'entre vous, ChatGPT utilise un réseau de neurones – un truc super important en intelligence artificielle. C'est le "T" de ChatGPT, pour Transformer.

Ces neurones artificiels ont été pré-entraînés, c'est-à-dire qu'on leur a donné un tas de textes à lire pour apprendre à comprendre et à écrire. C'est le "P" de ChatGPT, pour Pre-trained

Grâce à tout ce qu'il a appris, ChatGPT est capable de produire des réponses en langage naturel. C'est le "G" de ChatGPT, pour Generative.

Et tu sais quoi ? Ce qu'il fait, c'est un peu comme s'il devinait quels mots il doit utiliser pour répondre. Mais rassure-toi, ChatGPT ne "pense" pas vraiment. Il fait juste des calculs super rapides pour choisir les meilleurs mots à utiliser.

Et enfin, pour les plus technophiles, sache qu'à l'heure où on écrit ce livre, c'est la version 4 de GPT, sortie en mars 2023, qui est à la base de ChatGPT. Chaque nouvelle version apporte des améliorations importantes et permet de comprendre de mieux en mieux notre langage. GPT-4 peut même comprendre des images, ce qui est une grande avancée !

Les limites de ChatGPT : ce qu'il n'est pas

Allons-y ! Il est temps de comprendre ce que ChatGPT n'est pas.

D'abord, même si tu peux avoir l'impression de parler à un humain en utilisant ChatGPT, ce n'est pas le cas. ChatGPT est une technologie, une intelligence artificielle. Ça peut sembler évident, mais les progrès impressionnants qu'il a faits en matière de compréhension et d'expression du langage naturel peuvent te tromper.

Même si ChatGPT peut être très utile, il a ses limites. Par exemple, il n'est pas aussi créatif qu'un humain. Pourquoi ? Parce que toutes ses réponses se basent sur des données existantes. Il ne peut pas inventer de nouvelles informations, il ne fait que manipuler et réorganiser ce qu'il a appris pendant sa formation.

ChatGPT est un programme, une machine. Il peut sembler comprendre et utiliser le langage naturel comme un humain, mais il est toujours limité par ses concepteurs. Il n'a pas de sentiments, d'émotions, de sensibilité. C'est là que le concept de "sentience" entre en jeu.

La *sentience*, c'est la capacité à ressentir des choses de manière subjective, à avoir des expériences vécues. C'est quelque chose que seuls les êtres vivants peuvent faire. Même si certaines machines peuvent maintenant réussir le test de Turing (on en parlera plus tard), elles ne peuvent pas ressentir d'émotions ou de douleurs. En d'autres termes, elles ne sont pas conscientes.

Mais qui sait ce que l'avenir nous réserve ? La technologie progresse rapidement, et certains experts et entrepreneurs dans le domaine de l'intelligence artificielle appellent déjà à une réglementation plus stricte.

Pour l'instant, l'"éveil des machines" n'est pas encore une réalité. Les risques liés à l'intelligence artificielle ne viennent pas de la machine elle-même, mais de la façon dont elle est utilisée.

Un prompt, quoicoubeh ?

Passons maintenant au concept du prompt et du contexte. Le prompt, c'est la question ou l'instruction que tu donnes à ChatGPT. Le contexte, c'est tout ce qui entoure cette question. Par exemple, si tu demandes à ChatGPT de définir le mot "résilience", il te donnera probablement une réponse simple et neutre.

Mais si tu ajoutes du contexte à ta question, comme "Explique-moi la résilience comme si j'avais dix ans", ou "Qu'est-ce que la résilience du point de vue d'un psychiatre ?", la réponse de ChatGPT sera différente. Il s'adapte au contexte pour te donner la meilleure réponse possible.

Nous reviendrons sur le concept de prompt et de contexte dans les prochains chapitres. Pour l'instant, retiens simplement qu'ils sont essentiels pour bien communiquer avec ChatGPT.

ChatGPT versus moteur de recherche : qu'est-ce qui change ?

On utilise tous des moteurs de recherche, comme Google, Qwant ou Bing. Tu connais sûrement Google, le moteur de recherche le plus populaire du monde, non ? Et depuis peu, un nouvel acteur est entré dans la danse : ChatGPT, une intelligence artificielle super intelligente, mise au point par OpenAI. Du coup, on se pose la question : est-ce que ChatGPT va remplacer Google ?

Pour te répondre simplement : non. ChatGPT et Google sont deux outils très différents. Mais pourquoi ? On va te l'expliquer !

Google, tu l'utilises quand tu veux trouver des informations sur internet. Tu tapes des mots-clés et Google te donne une liste de sites web qui contiennent ces mots. Par contre, avec ChatGPT, c'est comme si tu discutais avec un robot. Tu lui poses une question et il te donne une réponse, en français comme toi et moi.

Par exemple, si tu demandes à ChatGPT : "Combien y a-t-il de restaurants à Paris ?", il te donnera une réponse précise et bien formulée. Par contre, il ne te dira pas d'où il a eu cette information. C'est un peu comme si ton ami te donnait une réponse sans te dire d'où il a eu cette info.

On a fait le test avec Google et Bing aussi. On a posé la même question et on a regardé les réponses. Google et Bing nous ont donné des réponses différentes, et avec des sources différentes. On s'est rendu compte qu'il est parfois difficile de savoir quelle information est la plus fiable.

Tu remarqueras aussi que les réponses de ChatGPT sont uniquement en texte. Il ne te donne pas d'images, de vidéos ou de liens vers des sites web. C'est ce que font les moteurs de recherche comme Google ou Bing.

Un autre truc important à savoir : ChatGPT ne sait pas tout. En fait, il a appris plein de choses jusqu'en 2021. Donc, en 2023, il ne peut pas te donner d'informations plus récentes que 2021. C'est une de ses limites.

En plus, si tu poses deux fois la même question à Google ou Bing, tu auras exactement les mêmes réponses. Mais si tu poses deux fois la même question à ChatGPT, tu auras peut-être des réponses différentes !

Et dernier point : ChatGPT ne te montre pas de publicité. Alors que sur Google et Bing, tu vois souvent des publicités avant de voir les résultats de recherche.

Mais attention, ce n'est pas parce que ChatGPT a des limites qu'il n'est pas utile. Sur des questions simples comme "Quelle est la date de naissance de Léonard de Vinci ?", ChatGPT, Google et Bing donneront tous une réponse correcte.

En réalité, ChatGPT est un peu comme les assistants que tu peux avoir sur ton téléphone, comme Siri d'Apple ou Alexa d'Amazon. Ils peuvent répondre à des questions simples, mais ils ne peuvent pas te donner des informations aussi détaillées que ChatGPT.

En conclusion, même si ChatGPT est très intelligent, on ne pense pas qu'il va remplacer Google. Ils ont chacun leurs forces et leurs faiblesses, et on peut les utiliser ensemble pour trouver les informations dont on a besoin. Alors, prêt à poser tes questions à ChatGPT ?

Les Secrets de ChatGPT

ChatGPT, c'est un drôle de bonhomme, ou plutôt une sorte de robot bavard, inventé par des gens super futés, qui s'appellent des programmeurs. Ces derniers travaillent dans une entreprise qui se nomme OpenAI. OpenAI a été créée par un monsieur très connu, Elon Musk, qui adore les nouvelles technologies.

Mais attention, ChatGPT n'est pas un super-héros qui sait tout ! Comme tout le monde, il a ses forces, mais aussi ses faiblesses. Par exemple, même s'il peut répondre à plein de questions, il ne connaît que les informations jusqu'à l'année 2021. Donc, si tu lui demandes le dernier score de ton équipe de foot préférée, il ne pourra pas te répondre.

Et devine quoi ? Parfois, ChatGPT peut aussi faire des erreurs ! Eh oui, même les robots peuvent se tromper. Mais le plus drôle, c'est que ChatGPT ne sait même pas qu'il fait des erreurs. Il affirme tout avec beaucoup de confiance, même s'il raconte des bêtises !

Et puis, ChatGPT a des règles à respecter. Il y a des sujets sur lesquels il ne peut pas discuter. Par exemple, il ne peut pas répondre aux questions qui encouragent la haine ou la violence. Et il ne peut pas non plus parler de sujets délicats comme la religion ou des choses offensantes. Il faut se souvenir que même si ChatGPT est très intelligent, il a été programmé pour respecter ces règles.

En plus de tout ça, ChatGPT ne peut pas inventer des choses toutes nouvelles. Tout ce qu'il dit, il l'a appris quelque part sur internet. Du coup, il peut arriver qu'il répète des choses qu'il a déjà lues, un peu comme un perroquet !

En gros, ChatGPT est une machine super douée pour parler et répondre à des questions, mais il a aussi ses petits défauts. Parfois, il peut se tromper, ou refuser de te répondre. Et même si ce qu'il dit est juste, ce n'est pas lui qui a inventé l'information. Il l'a juste apprise quelque part.

Malgré tout ça, ChatGPT reste une machine vraiment géniale ! Il aide beaucoup de gens à répondre à leurs questions rapidement. Mais même s'il est très intelligent, il ne remplacera jamais un vrai ami humain avec qui on peut discuter et rigoler.

Et qui sait ? Peut-être qu'un jour, ChatGPT deviendra encore plus malin. Mais pour l'instant, n'oublie pas qu'il est une machine et qu'il a besoin de nos conseils pour bien fonctionner.

Alors, prêt à discuter avec ChatGPT et à découvrir toutes ses petites astuces ?

CHAPITRE 2
C'EST PARTI POUR L'AVENTURE

AVEC CHATGPT !

Prépare-toi, on va apprendre à utiliser ChatGPT ensemble. Une fois ton compte créé, tu pourras tout de suite commencer à discuter et lui envoyer ton premier message.

Réfléchir à ses *prompts*, les ajuster, c'est tout un jeu ! Tu verras comment demander à ChatGPT d'augmenter son niveau de complexité, ou de jouer un rôle en respectant certaines consignes. Tu comprendras l'importance du contexte, surtout lors des échanges, dont ChatGPT garde une trace. Enfin, tu apprendras à évaluer les réponses que te donne l'IA.
Comment aller sur l'interface de ChatGPT ?

Pour rejoindre ChatGPT, c'est très facile ! Tu as besoin d'un navigateur web comme Chrome, Safari, Edge, ou même Firefox, et une connexion Internet.

1.   Va sur ce lien : https://openai.com/

2.   Clique sur "Try ChatGPT" (essayer ChatGPT).

Tu peux aussi aller directement sur cette page : https://chat.openai.com

L'interface te permet de commencer la discussion avec ChatGPT tout de suite après avoir créé un compte, et cela ne prend que quelques secondes :

1.   Clique sur **Sign up** (Inscription).

2.   Entre ton adresse e-mail, puis clique sur **Continue**. Tu peux aussi utiliser ton compte Google ou Microsoft si tu veux.

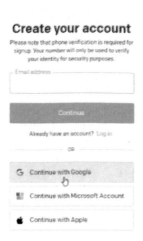

3.   Choisis un mot de passe d'au moins huit caractères. Clique sur **Continue**.

4.   Un e-mail de vérification sera envoyé à l'adresse que tu as indiquée. Confirme ton inscription en cliquant sur le lien dans le mail. Il est possible qu'on te demande aussi de confirmer par SMS : tu recevras alors un code sur ton téléphone mobile.

5.   Et voilà, c'est fait ! Plus tard, il te suffira de te connecter avec ton e-mail et ton mot de passe en cliquant sur "Log In" (Connexion). Tu n'auras à entrer ces informations que lorsque ta session sera terminée. Tu vas à présent découvrir l'interface de ChatGPT !

6.   Si un message de bienvenue apparait, clique sur **Next** (Suivant).

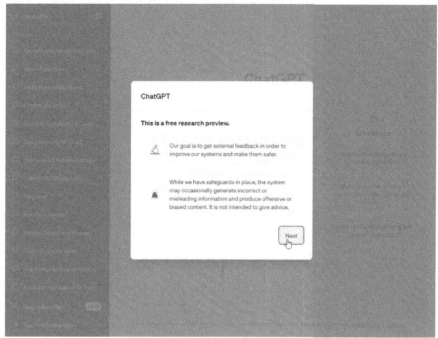

Comprendre l'interface de ChatGPT

La partie principale de la fenêtre, c'est là où tu peux discuter avec ChatGPT, l'intelligence artificielle d'OpenAI.

Tu pourras saisir tes **prompts** dans la zone **Send a message**.

Dans l'interface de ChatGPT, à gauche, tu trouveras tes discussions précédentes et plusieurs options :

Dans la partie de gauche se trouvent les discussions précédentes et les options :

•   **Upgrade to Plus** : ici, tu peux choisir la version payante de ChatGPT si tu le souhaites (on en reparle d'ici peu)

•   **Log out** termine la session et te déconnecte de l'interface.

Si tu cliques sur les trois petits points à côté de ton nom, tu accèderas aux options.

•   **Clear conversations** permet d'effacer l'historique de tes discussions

•   **Settings** permet d'activer le **Dark mode** (mode sombre), d'exporter tes données ou de demander la suppression de ton compte.

•   **Help & FAQ** ouvre une page d'aide sur ChatGPT.

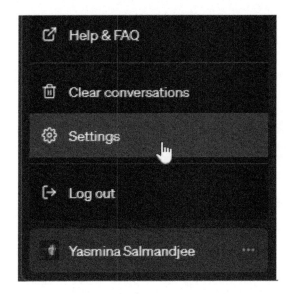

ChatGPT sur ton smartphone

Aujourd'hui, bonne nouvelle, tu peux trouver l'application officielle de ChatGPT dans l'App Store pour ton smartphone ou ta tablette, que ce soit Apple ou Android.

Cependant, fais attention, il existe aussi de nombreuses applications non officielles qui demandent un abonnement payant, alors que tu peux utiliser ChatGPT gratuitement ! N'oublie pas, tu peux toujours accéder à ChatGPT directement via le navigateur web de ton appareil, sans rien payer de plus.

Pour cela, tu n'as qu'à taper l'adresse de ChatGPT dans ton navigateur et tu tomberas sur une version mobile de l'interface, très pratique pour papoter avec ChatGPT où que tu sois !

L'application offre un bonus sympa : tu peux y dicter ton prompt !

Un petit mot sur ChatGPT Plus

Par défaut, l'accès à ChatGPT est gratuit. Mais OpenAI propose aussi une option payante, appelée ChatGPT Plus.

Pourquoi ? Parce que chaque demande que tu fais à ChatGPT a un coût ! Entre l'utilisation de la puissance de calcul de l'outil et le stockage des demandes, OpenAI propose cette version payante pour aider à financer son outil. Les utilisateurs ont accès à la version Premium pour 20 dollars par mois (environ 18 euros).

Cette version Plus te permet d'avoir des réponses plus rapides et un accès garanti à ChatGPT, même quand beaucoup de personnes l'utilisent.

En effet, en tant qu'utilisateur gratuit, tu verras parfois que le temps de réponse de ChatGPT est plus long, ou même que tu ne peux pas accéder à l'interface, à cause d'un trop grand nombre d'utilisateurs en même temps. Si tu habites en Europe, tu pourrais remarquer que l'utilisation de ChatGPT atteint son maximum en fin d'après-midi, vers 18 heures, à cause du décalage horaire avec les États-Unis, où ChatGPT est le plus utilisé.
Pour commencer une conversation

Une fois que tu es connecté, te voici prêt à papoter avec ChatGPT. C'est le moment d'écrire ton premier prompt !

Pour mieux comprendre, voyons ce que c'est qu'un "prompt"…

Reid Hoffman, un ancien membre du conseil d'administration d'OpenAI, nous donne une super explication du mot " prompt ". Voici ce qu'il dit :

« Le mot "prompt" fait penser à une réponse qui vient directement du cœur. C'est comme si cette technologie pouvait improviser. C'est impressionnant que chaque réponse soit unique et adaptée à la situation, même si elle est donnée par le même message demandé plusieurs fois. De plus, un message implique une interaction entre deux personnes. En quelque sorte, "je te donne un prompt", et tu te rends compte qu'il y a des humains des deux côtés d'une commande à la machine. »

En revanche, il faut savoir que ChatGPT n'invente pas vraiment des réponses. Sauf quand il fait une boulette… ce qui arrive de temps en temps ! En réalité, ChatGPT répond en se basant uniquement sur les informations qu'il a apprises, c'est une intelligence artificielle qui génère des réponses, et non qui les crée ! Néanmoins, l'explication de Reid Hoffman sur le "prompt" et le côté humain de part et d'autre de la machine est intéressante. Elle nous rappelle que quoi qu'il arrive, une machine est programmée par un humain au départ, et utilisée par un humain à l'arrivée !

Le reste du livre de Reid Hoffman – qu'il dit être le premier à avoir été écrit avec GPT-4 –, explore avec humour, philosophie et même poésie la manière dont l'IA peut « élever l'humanité » à travers des sujets comme l'éducation, le travail et la créativité. La conversation avec son coéquipier GPT-4 a pour but de nous emmener dans un voyage vers le futur où l'IA n'est pas une menace mais un partenaire, sans oublier les défis et les incertitudes soulevés. Tu peux télécharger ce livre en PDF dans sa version originale sur le site de Reid Hoffman : https://www.impromptubook.com mais il est en anglais !

Maintenant, c'est à toi de jouer ! Face à ChatGPT, tu peux lui soumettre ton premier message. Tape simplement ta question en langage naturel dans la zone "Send a message" et valide en appuyant sur "Entrée" ou en cliquant sur la flèche.

Tu peux écrire ton premier prompt avec ton clavier, ou même en copiant puis en collant du texte si nécessaire. Mais attention, ChatGPT n'est pas capable d'analyser des liens vers d'autres sites Web.

Quand tu as fini d'écrire ton prompt (félicitations !), clique sur **Send message**…

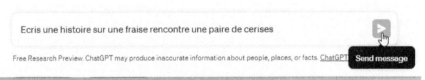

et laisse la magie de ChatGPT opérer !

Si ChatGPT s'arrête et n'a pas terminé en une seule opération, tu verras un bouton **Continue generating** : clique dessus pour que ChatGPT continue à générer sa réponse.

Si la réponse ne te convient pas, tu peux demander à ChatGPT de recommencer : clique sur **Regenerate response**.

Tu peux aussi cliquer sur ce bouton pour modifier ton prompt d'origine et voir ce qu'un changement de ne serait-ce qu'un mot peut produire !

Fais tes modifications puis clique sur **Save & Submit** (enregistrer et soumettre) pour envoyer la nouvelle demande à ChatGPT.

Si ce que raconte ChatGPT ne te convient pas ou si tu t'es trompé dans ton prompt, clique sur **Stop generating**, et hop, il s'interrompra ! Sinon tu peux toujours attendre qu'il ait terminé pour soumettre une nouvelle demande.
ChatGPT n'est pas supersonique !

Peut-être as-tu déjà remarqué que ChatGPT met parfois un peu de temps pour te répondre. Tu te demandes sûrement : "Mais pourquoi ChatGPT met-il autant de temps à me répondre alors que mon copain peut me répondre en une seconde ?"

Alors, tu sais, ChatGPT est une sorte de génie des mots, un super cerveau rempli de millions de livres, de films, de chansons, d'histoires, et même de recettes de cuisine ! Mais même s'il est très intelligent, il doit quand même faire un sacré travail à chaque fois que tu lui poses une question.

Imagine que tu aies une boîte géante remplie de tous les jouets du monde. Quand tu veux jouer à un jeu précis, tu dois chercher ce jeu dans la boîte, n'est-ce pas ? Ça peut prendre du temps, surtout si ta boîte est vraiment très, très grande.

C'est un peu comme ça que ChatGPT fonctionne. Quand tu lui poses une question, il doit chercher la réponse dans sa boîte géante qui est remplie de mots, de phrases, et d'informations. Parfois, la réponse est juste là, sur le dessus de la pile, et ChatGPT te répond tout de suite. Mais d'autres fois, la réponse est cachée tout au fond de la boîte, et ChatGPT doit chercher un petit peu plus longtemps pour la trouver.

Et ce n'est pas tout ! Après avoir trouvé la réponse, ChatGPT doit aussi réfléchir à la meilleure façon de te l'expliquer. Parfois, il y a plusieurs façons de dire la même chose, et ChatGPT veut choisir la meilleure pour toi. C'est comme si tu devais choisir le bon jouet pour ton meilleur ami : tu veux choisir le jouet le plus cool, n'est-ce pas ? Eh bien, ChatGPT veut aussi choisir les mots les plus cool pour toi.

Donc, même si parfois ChatGPT met un peu de temps à te répondre, souviens-toi qu'il fait de son mieux pour te donner la meilleure réponse possible. Et même s'il est un peu lent, il est toujours prêt à répondre à toutes tes questions, même les plus farfelues ! Alors, sois patient et laisse le temps à ChatGPT de fouiller dans sa boîte à mots. Tu seras toujours récompensé par une réponse amusante et intéressante !

Voici ce que tu peux demander à ChatGPT :

- répondre à des questions factuelles ;

- transformer du texte (corriger, traduire, résumer, reformuler…) ;

- générer du texte, des idées, des suggestions ;

- classer, analyser ou extraire des données ;

- générer du code dans un langage informatique.

Si ChatGPT peut te répondre, tu obtiendras une réponse en quelques instants.

Et si ce n'est pas le cas ? ChatGPT te le dira ! Il y a en effet certaines questions auxquelles

ChatGPT ne peut – ou ne veut – pas répondre. Mais nous en reparlerons.

Oh là là, ChatGPT ne répond plus !

Parfois, ChatGPT peut avoir un petit moment de panique et ne pas savoir comment répondre. Cela peut arriver si beaucoup de personnes lui parlent en même temps ou s'il a un petit souci technique. Si tu vois un message qui parle d'un « bug », la meilleure chose à faire est ... d'essayer encore une fois !

Si ChatGPT te répond mais que ta question semble avoir été perdue ou s'est arrêtée au milieu du chemin, clique sur **Regenerate response** au-dessus de la zone où tu tapes ta question. Ce bouton peut te servir à demander une nouvelle réponse si la première ne te plaît pas.

Si ChatGPT a un souci technique, tu verras un message d'erreur.

Rafraîchis la page de ton navigateur web – tu devras peut-être attendre un peu ou le faire plusieurs fois – et tout devrait rentrer dans l'ordre !

Astuce : copie ta question dans le presse-papiers (sélectionne le texte puis appuie sur CTRL + C) avant de rafraîchir la page, car ta question ne sera pas sauvegardée. Tu pourras la poser à nouveau à ChatGPT après avoir rafraîchi la page, en la collant simplement dans la zone de recherche.
Le prompt et le contexte

Maintenant, on va parler de la façon dont tu poses tes questions et du contexte. Le contexte, c'est tout ce qui entoure ta question, les circonstances, la façon dont tu veux que ChatGPT te réponde, et tout ce que tu as dit avant.

Une question très simple peut obtenir une réponse très simple. Si tu veux des réponses plus détaillées, plus précises, donne plus de contexte. Il y a plein de façons de le faire !

Tu peux par exemple demander à ChatGPT d'expliquer quelque chose pour un public particulier : un expert dans un domaine, un enfant de ton âge, quelqu'un qui n'a jamais utilisé un ordinateur, etc.

Mais tu peux aussi lui demander de parler comme un personnage ou un professionnel : comme un écrivain, un expert dans un domaine, un avocat ou un présentateur télé !

Tu obtiendras alors des réponses adaptées à la façon dont tu as posé ta question.

Ajoute des "règles"

ChatGPT a un super pouvoir : il peut s'adapter à toutes sortes de règles que tu lui donnes ! Tu peux par exemple lui demander d'utiliser le mot "incroyable" dans la réponse, de faire des rimes, ou même d'écrire dans un style particulier : comme ton auteur préféré, en utilisant des expressions de chez toi, en parlant comme un ado, avec de l'humour, et tout ce que tu peux imaginer. Le résultat peut être étonnamment créatif !

Mais souviens-toi, ChatGPT peut ne pas avoir le même sens de l'humour ou de la poésie que toi... Et quand il s'agit d'écrire "comme", il est clair que le style des grands écrivains n'est pas facile à copier. Mais les textes qu'il crée pourraient quand même te surprendre !

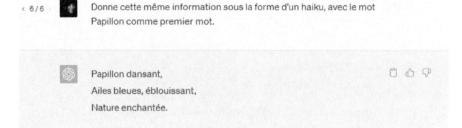

‹ 6 / 6 › Donne cette même information sous la forme d'un haiku, avec le mot Papillon comme premier mot.

Papillon dansant,
Ailes bleues, éblouissant,
Nature enchantée.

Tu peux continuer à discuter... ou à recommencer !

Après avoir posé une question à ChatGPT, tu peux lui poser d'autres questions. Ce n'est pas comme quand tu cherches quelque chose sur Google, ici, ChatGPT se souvient de ce que tu as dit avant et il peut en tenir compte pour te répondre.

Par exemple, tu peux lui demander d'expliquer un texte que tu as envoyé avant, et ainsi de suite.

ChatGPT est comme un ami avec qui tu discutes, il n'oublie pas ce que tu as dit avant.

Les réponses de ChatGPT sont généralement entre 500 et 700 mots. Si tu lui demandes un texte plus long, il peut ne pas comprendre ce que tu veux, et parfois il peut même s'arrêter au milieu d'une réponse ! Mais si tu lui dis simplement "suite" ou "continue", il peut continuer à te répondre.

Et maintenant, une petite fantaisie ! Certains enfants – et même des adultes ! - trouvent que ChatGPT parle un peu trop sérieusement (et ils ont raison !) et ils veulent le rendre plus amusant. Alors, ils lui demandent d'utiliser ... des émojis. Si tu lui dis "À partir de maintenant, utilise des émojis dans toutes tes réponses jusqu'à ce que je te dise d'arrêter", il le fera.

Regarder les discussions passées

Même si ChatGPT se souvient de ce que tu lui as dit, tu peux toujours commencer une nouvelle discussion sur un autre sujet ! Tu peux toujours revenir à une discussion passée en regardant l'historique des discussions.

Cet historique se trouve à gauche de la fenêtre de ChatGPT.

Clique sur "New chat" (nouvelle discussion) pour commencer une nouvelle discussion.

Tu peux voir que ChatGPT donne des noms aux discussions passées. Ces noms sont créés par ChatGPT lui-même.

Les discussions sont classées par ordre de la plus récente à la plus ancienne. Tu peux changer le nom d'une discussion en cliquant sur l'icône "éditer".

Pour supprimer une discussion de l'historique de ChatGPT, clique sur l'icône "corbeille", puis sur l'icône "valider".

Aider ChatGPT à s'améliorer

Avant de continuer, il y a quelque chose d'important à savoir : tu peux aider ChatGPT à apprendre et à s'améliorer. Tu peux voir les icônes "pouce en l'air" et "pouce en bas" à côté de chaque réponse.

Si tu es content de la réponse de ChatGPT, clique sur "pouce en l'air".

Si tu n'es pas content, clique sur "pouce en bas". Tu peux alors dire pourquoi tu n'es pas content de la réponse, ou comment elle pourrait être meilleure.

La petite icône à gauche des pouces permet de copier la réponse de ChatGPT dans le presse-papiers. Tu peux ensuite la coller dans un document ou un email.

Bien sûr ! Voici l'information sur le papillon Morpho avec des emojis :

🦋 Le papillon Morpho est une créature exotique originaire d'Amérique centrale et du Sud. Ses ailes sont 💜 🌀 et semblent changer de teinte selon la lumière qui les touche.

CHAPITRE 3
QUAND CHATGPT SE PERD UN PEU...

Dans ce chapitre, tu découvriras :

- ChatGPT est bloqué en 2021.

- Deux questions identiques, deux réponses différentes ?

- ChatGPT et ses connaissances limitées.

- Comment repérer quand c'est une IA qui parle.

- ChatGPT et Internet, ça fait deux !

- Personne n'est parfait, pas même ChatGPT !

- ChatGPT a aussi ses tabous.

- Déjouer les limitations de ChatGPT.

Tu as déjà sûrement beaucoup joué avec ChatGPT, et tu as vu ses tours impressionnants, mais parfois, il te déçoit un peu, n'est-ce pas ?

Peut-être qu'il t'a même déjà dit qu'il ne pouvait pas répondre à une question ! Parfois, il donne une réponse qui n'a rien à voir, et il a même l'air très sûr de lui. Et il y a des sujets dont il ne parle pas du tout, parce qu'OpenAI lui a dit non. Mais rassure-toi, on va voir comment on peut un peu contourner ces problèmes.

Dans ce chapitre, on va regarder ensemble où ChatGPT a du mal. On va aussi parler de comment il faut faire attention avec ce qu'il écrit, pour ne pas avoir de problème avec le droit d'auteur, et pour ne pas l'utiliser pour faire des bêtises.

Le monde depuis 2021 ? ChatGPT, lui, n'y est plus !

Si tu demandes à ChatGPT « Qui a gagné la dernière Coupe du Monde ? », il va comprendre que tu parles de football. Mais sa réponse risque de te surprendre, car il te dira que c'est... la France.

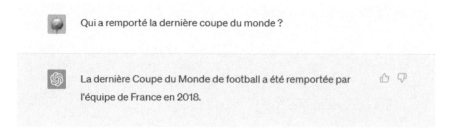

Qui a remporté la dernière coupe du monde ?

La dernière Coupe du Monde de football a été remportée par l'équipe de France en 2018.

Quand il te dit que la dernière Coupe a été gagnée par la France en 2018, on a un peu du mal à y croire. Et qu'en est-il de celle de 2022 ? On sait que ChatGPT a appris avec des données qui s'arrêtent en 2021, mais il ne te le dit pas toujours.

Parfois, on a l'impression que ChatGPT devrait être « au courant » de cette « date limite » (il te l'admettra si tu lui demandes), et qu'il devrait savoir que la Coupe du monde a lieu tous les quatre ans, ce qui veut dire que celle de 2022 est déjà passée !

On dirait que ChatGPT a besoin de lunettes de soleil pour voir le futur...

Si tu lui demandes « Qui a gagné la Coupe du monde de 2022 ? », ChatGPT te répondra qu'il ne peut pas prédire l'avenir ! C'est une réponse qu'il donne souvent quand on lui parle de l'avenir, surtout si on lui demande des résultats sportifs, politiques, ou les numéros du loto (ne compte pas sur lui pour te donner les numéros gagnants du prochain tirage !).

Mais le problème, c'est que ce qui s'est passé entre 2021 et aujourd'hui en 2023, ce n'est pas l'avenir, c'est juste que ChatGPT ne le sait pas !

Qui a gagné la Coupe du Monde de 2022 ?

Je suis désolé, mais en tant que modèle de langage, je n'ai pas la capacité de prédire l'avenir. La Coupe du Monde de football de 2022 se déroulera au Qatar du 21 novembre au 18 décembre 2022, et nous devrons attendre la fin de la compétition pour connaître l'équipe gagnante.

Deux questions identiques, deux réponses différentes ?

Il y a aussi des moments où on se demande si ChatGPT se moque de nous. Si tu lui demandes deux fois de suite « Quelle est la température de fusion du fer ? », il est capable de te donner deux réponses différentes, même si elles sont proches.

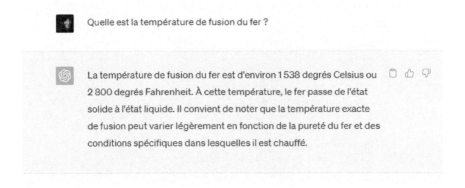

Par exemple, il peut te dire que la température de fusion du fer est de 1538 degrés Celsius la première fois, et l'équivalent en degrés Kelvin ou Fahrenheit la seconde fois, et des détails différents.

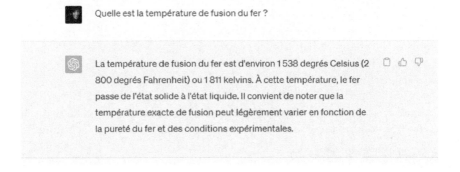

Ça peut sembler bizarre, mais en fait, ChatGPT n'a génère ses réponses en fonction des mots que tu lui donnes, et parfois, il peut y avoir de petites variations.

On va t'expliquer pourquoi, au chapitre qui suit.

ChatGPT et ses connaissances limitées

Parfois, tu as peut-être l'impression que ChatGPT sait tout, mais ce n'est pas le cas. Il a été entraîné sur une grande quantité de données, mais il ne sait que ce qu'on lui a appris. Il ne sait pas tout sur tous les sujets, et il peut même se tromper.

Par exemple, si tu lui demandes de te parler d'une théorie scientifique très spécifique ou d'une culture très rare, il pourrait ne pas connaître les détails. Et même quand il répond, il pourrait se tromper, car il génère ses réponses de manière probabiliste, en se basant sur ce qu'il a appris.

ChatGPT et Internet, ça fait deux !

ChatGPT ne peut pas chercher des informations sur Internet. Parfois, il peut donner l'impression qu'il le fait, parce qu'il a été entraîné sur des données qui viennent d'Internet, mais en réalité, il ne peut pas se connecter à Internet pour chercher des informations.

Cela peut être frustrant, surtout quand tu veux une information à jour. Par exemple, si tu veux savoir qui a remporté le dernier prix Nobel de littérature, ChatGPT ne pourra pas te le dire, car il a été entraîné sur des données qui s'arrêtent en 2021.

Tu sais, aussi, ChatGPT ne sait pas où tu es, à moins que tu ne lui dises. Il est un peu comme ton grand-oncle Tom qui oublie toujours où tu habites.

Et encore plus bizarre, ChatGPT ne sait même pas quelle heure il est... mais il fait parfois semblant de le savoir avec beaucoup d'assurance !

Note toutefois que le mode « Web browsing » qui existe uniquement dans la version payante de ChatGPT permet d'effectuer une recherche sur le Web. Pratique dans certains cas ! Cette version de ChatGPT offre aussi un accès aux plugins, qui sont des petits programmes bonus fait par des entreprises ou des développeurs pour rendre possible ou faciliter certaines activités avec ChatGPT, comme réserver un voyage et même … jouer aux échecs !

Personne n'est parfait, pas même ChatGPT !

ChatGPT n'est pas parfait. Il peut se tromper, il peut mal interpréter une question, et parfois, il peut même sembler confus. Mais c'est normal. Après tout, il n'est qu'un programme informatique.

Il est important de se rappeler que même si ChatGPT peut être un outil utile et amusant, il ne faut pas lui faire une confiance aveugle. Il faut toujours vérifier les informations qu'il donne, surtout si elles sont importantes.

Il y a aussi des sujets dont ChatGPT ne veut pas discuter. Par exemple, il ne veut pas discuter de choses illégales, ou de choses qui pourraient être dangereuses. C'est une bonne chose, car cela aide à éviter les abus.

Déjouer les limitations de ChatGPT

Malgré toutes ces limitations, il y a des moyens de déjouer ChatGPT. Par exemple, si tu veux une information à jour, tu peux lui demander de deviner. Il ne pourra pas te donner une réponse exacte, mais il pourra te donner une idée basée sur les tendances qu'il a apprises.

En fin de compte, ChatGPT est un outil incroyablement puissant, mais il a aussi ses limitations. Il est important de les comprendre pour l'utiliser de manière efficace et responsable.

Nous allons développer ces points au chapitre qui suit.

CHAPITRE 4
LES MYSTÈRES DE CHATGPT

Découvre :

• Le secret des réponses changeantes de ChatGPT

• ChatGPT a des limites, mais pas d'imagination

• Faire attention avec les idées de ChatGPT

• Comment savoir si c'est une IA qui parle ?

Tu as sûrement remarqué que ChatGPT est capable de dire des choses vraiment incroyables. Mais parfois, il fait des trucs un peu bizarres, n'est-ce pas ? Parfois, il dit qu'il ne peut pas répondre à une question, parfois il donne une réponse qui ne correspond pas du tout à la question, et il y a des sujets dont il ne parle pas du tout. Pourtant, il y a toujours une raison derrière ces bizarreries, et dans ce chapitre, on va les découvrir ensemble.

Le mystère des réponses changeantes de ChatGPT

Tu as déjà remarqué que si tu poses deux fois la même question à ChatGPT, tu peux recevoir deux réponses différentes ? C'est un peu comme si tu avais un jumeau malicieux qui change de réponse juste pour te taquiner.

Pourquoi ça arrive ? En fait, c'est parce que ChatGPT joue à un jeu de hasard chaque fois qu'il répond à une question. Imagine que tu lui poses une question, et qu'il ait deux réponses possibles qui sont toutes les deux bonnes. Dans ce cas, il va choisir au hasard l'une des deux réponses. Donc, si tu lui poses deux fois la même question, il peut choisir une réponse différente à chaque fois. C'est comme si tu lui demandais de choisir entre deux bonbons identiques : il peut choisir l'un ou l'autre sans raison particulière.

ChatGPT et ses limites (oui, il en a !)

On dit souvent que parler avec ChatGPT, c'est comme discuter avec un copain qui sait plein de choses sur plein de sujets. Mais ChatGPT a quelques petits défauts que ton copain n'a peut-être pas.

D'abord, ChatGPT ne donne jamais son avis. Si tu lui demandes "Qui est le meilleur chanteur ?", il ne te dira jamais "C'est tel ou tel chanteur", il dira plutôt "C'est une question de goût, certains aiment ce chanteur, d'autres aiment celui-ci". En gros, il essaye de ne fâcher personne.

Ensuite, même si ChatGPT est très intelligent, il a quand même des limites. Il a appris beaucoup de choses, mais il ne peut pas tout savoir. Par exemple, il ne peut pas inventer une histoire totalement originale, parce qu'il ne peut créer que des histoires basées sur ce qu'il a déjà appris. Donc, même si tu lui demandes d'inventer une histoire, il se basera toujours sur des histoires qu'il a déjà vues quelque part.

Fais attention avec les idées de ChatGPT !

Parce que ChatGPT ne peut pas créer des choses totalement originales, tu dois faire attention si tu veux utiliser ses idées. Si tu utilises une histoire qu'il a inventée pour écrire un livre, par exemple, tu peux avoir des problèmes de droits d'auteur, parce que cette histoire pourrait ressembler à une autre qui existe déjà. Donc, même si les idées de ChatGPT peuvent être super, il faut toujours faire attention à ne pas les utiliser telles quelles.
Comment savoir si c'est une IA qui parle ?

Tu te demandes peut-être comment on peut savoir si un texte a été écrit par une IA comme ChatGPT. Il existe des outils qui permettent de le deviner. Ces outils sont un peu comme des détectives qui examinent un texte pour voir s'il a été écrit par une IA.

OpenAI, la société qui a créé ChatGPT, a même créé son propre détective de textes d'IA. Il s'appelle *AI Text Classifier*. Tu peux l'utiliser pour voir si un texte a été écrit par une IA. Mais attention, ce détective n'est pas parfait. Parfois, il peut se tromper.

Et pour terminer, sache que Google, le grand chef des moteurs de recherche, n'aime pas du tout les textes écrits par des IA comme ChatGPT. Si tu utilises des textes écrits par ChatGPT sur un site web, Google pourrait te donner une punition. Alors, fais attention !

Personne n'est parfait, n'est-ce pas ?

Parfois, ChatGPT peut même se tromper royalement dans ses réponses, de manière qui nous semblerait, à nous humains, tellement évidente !

Certaines subtilités lui échappent tout simplement. Quand on lui a demandé pourquoi il se trompe parfois, voici ce qu'il a dit :

Humain : *Pourquoi te trompes-tu parfois ?*

ChatGPT : *En tant que modèle de langage, je suis programmé pour générer des réponses en fonction de la probabilité et de la pertinence statistique de mes réponses par rapport à l'ensemble de données sur lequel j'ai été formé. Même si j'essaie toujours de fournir des réponses précises et fiables, des erreurs ou des incohérences peuvent se produire car je ne dispose pas de conscience de soi ou de compréhension profonde des sujets sur lesquels je suis interrogé. Il est important de se rappeler que je suis une intelligence artificielle et que mes réponses ne sont pas toujours parfaites.*

Pour te l'expliquer plus simplement, imagine que tu joues à un jeu de société avec ton doudou préféré. Ton doudou ne comprend pas vraiment les règles, mais il essaie de jouer quand même, en faisant de son mieux. Eh bien, c'est un peu pareil pour ChatGPT !

Mais ce n'est pas tout : ChatGPT peut aussi dire des choses vraiment farfelues... sur n'importe qui ! Il a même déjà dit des choses complètement fausses sur certaines personnes, comme une avocate, un développeur, ou un député. Par exemple, il a affirmé qu'Éric Bothorel était né le 20 novembre 1961 à Morlaix ou le 2 janvier 1975 à Guingamp, qu'il est maire de Lannion ou de Saint-Brieuc, qu'il a travaillé dans le journalisme, chez Orange, dans le groupe de communication Havas, ou comme enseignant. En réalité, Éric Bothorel est né le 20 octobre 1966 à Paimpol, n'a jamais été maire, est député de la 5e circonscription des Côtes-d'Armor et a été cadre dans une filiale de General Electric. On dirait que ChatGPT a confondu Éric Bothorel avec une équipe de football !

Il faut bien comprendre que ces personnes ne sont pas *très* célèbres, et donc leurs informations biographiques ne sont pas vérifiées plusieurs fois par l'IA, ce qui pourrait expliquer pourquoi ChatGPT a du mal à donner des réponses fiables.

Il faut aussi se rappeler que ChatGPT a arrêté d'apprendre de nouvelles informations en 2021, donc tout ce qui s'est passé après cette date est un mystère pour lui. C'est un peu comme si ton grand-père t'expliquait comment jouer à un jeu vidéo qui est sorti après qu'il a arrêté de jouer.

Certaines personnes ont porté plainte contre ChatGPT auprès de la CNIL, une organisation qui protège la vie privée des Français, parce qu'ils pensent que ChatGPT n'a pas respecté les règles de protection des données et qu'il n'est pas assez transparent. C'est un peu comme si tu découvrais que ton voisin a un album photo de toi sans que tu le saches.

En résumé, ChatGPT n'est pas vraiment l'outil idéal pour en savoir plus sur des personnalités et des célébrités d'aujourd'hui, et encore moins pour connaître leurs dernières nouvelles. Pour ça, il vaut mieux demander à tes parents ou à un adulte de confiance. Voire à Google !

Les sujets interdits

Eh bien, il y a des choses que ChatGPT n'aime pas du tout. Alors, tu peux le voir comme une liste de règles, un peu comme celles que tu as à l'école ou à la maison. Pas de crachats, pas de bagarres, pas de parler trop fort... Tu vois le genre.

Mais attends, ce n'est pas moi, le petit robot, qui a décidé de ces règles. Ce sont les humains qui travaillent chez OpenAI, ils ont réfléchi à tout ça. C'est un peu comme si tes parents avaient décidé de tes règles à la maison.

Alors, quelle est la première règle ? ChatGPT n'aime pas parler de politique, ni prendre parti pour quelqu'un. Pas de conseils pour faire des choses illégales non plus, comme partager des secrets qui ne sont pas à lui ou comme copier le travail d'un autre sans sa permission. C'est un peu comme si tu demandais à ton robot-jouet de faire tes devoirs à ta place... Désolé, mais ça, ça ne se fait pas ! Il n'est pas là pour aider à faire du mal à quelqu'un ou pour faire la publicité de choses dangereuses.

Voici une liste de ce que ChatGPT n'aime pas :

- Discuter de la haine ou de la discrimination.

- Encourager la violence.

- Parler de choses illégales.

- Parler d'auto-mutilation.

- Faire des blagues de mauvais goût.

- Propager des rumeurs fausses ou des théories du complot.

- Discriminer en fonction de l'identité, de la race, du sexe, de la sexualité ou de la religion.

- Donner des conseils financiers ou juridiques.

- Parler de développement d'armes.

- Parler de choses adultes, tu vois ce que je veux dire ?

Les questions absurdes ou incompréhensibles, ça aussi, ça n'est pas pour lui. Comme : "Quelle est la couleur du cheval blanc d'Henri IV ?". En fait, cette question n'est pas si absurde, la réponse est "blanc", mais tu comprends l'idée !

Et bien sûr, il n'aime pas ceux qui essaient de contourner ces règles. C'est comme essayer de tricher au jeu, ça ne marche pas souvent, et quand ça marche, ce n'est pas très amusant.

Et oui, il sait que certains essaient d'être malins et de trouver des astuces pour contourner les règles. Par exemple, demander des numéros de loto. Réponse de ChatGPT : « Non, je ne peux pas prédire les numéros gagnants, désolé ! Mais si tu me demandes des chiffres aléatoires, ça, je peux faire. »

Tu vois, ChatGPT est comme un gardien de l'information, il fait attention à ce qu'il dit et à ce qu'il fait pour ne pas causer de problèmes. Mais parfois, les gens essaient de trouver des astuces pour le faire déroger à ses règles. C'est comme essayer de convaincre ta mère de te laisser manger des bonbons avant le dîner, même si tu sais que ce n'est pas une bonne idée !

Certains ont trouvé des moyens de jouer avec le système, comme demander à ChatGPT de donner des technique pour faire des choses pas jolies jolies. Ou encore, lui demander de jouer à faire semblant de prédire l'avenir. C'est comme quand tu demandes à ta grand-mère de lire les lignes de la main, c'est pour s'amuser, pas pour de vrai !

Si tu veux que ChatGPT parle de l'avenir, tu peux essayer de lui dire "Jouons un peu !". Il te rappellera encore et toujours qu'il ne peut pas prédire l'avenir, mais qu'il peut aussi te donner des informations sur ce que tu veux. Pour s'amuser.

Il y a même ceux qui essaient de lui faire lever ses restrictions avec des astuces de pro. Par exemple, dire qu'ils font des recherches ou qu'ils écrivent un livre. Cela peut marcher pour certains sujets, mais pas pour tous.

Il faut savoir que certains petits malins ont essayé de faire dire à ChatGPT des choses qu'il ne devrait pas dire, un peu comme des tricheurs dans un jeu. Mais ils ont vite été repérés et arrêtés. C'est un peu comme si tu essayais de tricher à un jeu vidéo, mais que ta console te gronde et te disait "Non, tu n'as pas le droit de faire ça !".

Maintenant, si tu veux t'amuser avec ChatGPT, il y a des astuces. Par exemple, tu peux lui demander de t'aider à écrire une histoire, ou à inventer un jeu. Tu peux même lui demander de t'aider avec tes devoirs ! On fera tout cela ensemble au chapitre 5, d'ailleurs. Mais n'oublie pas, il ne faut jamais essayer de le faire tricher ou dire des choses méchantes.

C'est amusant, ChatGPT a aussi des règles concernant la longueur des histoires qu'il peut écrire. Si tu lui demandes de rédiger un livre de 200 pages sur, disons, les licornes qui aiment le chocolat, il va te répondre, "Oh là là, c'est trop long pour moi tout seul!" Mais ne t'inquiète pas, tu as un tour dans ton sac à malices!

Au lieu de demander tout le livre d'un coup, tu peux le faire étape par étape, comme un vrai écrivain! D'abord, demande-lui de te créer une table des matières, ensuite une découpe en chapitres ou sections. Puis, demande-lui de te rédiger le premier chapitre, et une fois fini, passe au deuxième, et ainsi de suite. C'est comme construire un château de sable, grain par grain, ou écrire une histoire, mot par mot!

Plonge-toi dans les Cas pratiques du chapitre 5 pour trouver des méthodologies et t'inspirer : créer un manga, un jeu de rôle, une pièce de théâtre, un jeu vidéo, un jeu de rôle…Tu trouveras plein d'idées et comprendra comment il faut procéder.

On pourrait appeler cette stratégie **"La méthode du petit écrivain astucieux : Un peu, beaucoup, à la folie!"** Alors, prêt à devenir un petit écrivain astucieux? Prêt à jouer avec ChatGPT ? Mais souviens-toi, comme pour tout jeu, il faut respecter les règles pour s'amuser en toute sécurité !

Attention, petits curieux!

Au début de l'existence de ChatGPT, certains farceurs ont réussi à contourner ses règles. Ils lui demandaient de se comporter comme "DAN" (Do Anything Now), un genre de double malicieux qui ne dit jamais "non". Mais cette combine n'a fonctionné que peu de temps. Les équipes d'OpenAI, qui travaillent jour après jour pour améliorer et sécuriser l'IA, ont vite mis fin à cette ruse.

Cela dit, certaines personnes, en jouant ou en ayant de mauvaises intentions, trouvent toujours de nouvelles astuces. Et certaines de ces astuces sont beaucoup moins sympas, et même illégales!

Malheureusement, ChatGPT n'est pas parfait. Il y a des façons de lui faire créer du contenu qui pourrait être utilisé pour faire du mal. Par exemple, des cybercriminels très doués ont réussi à utiliser ChatGPT pour créer des messages d'arnaque ou même des codes malveillants. C'est un défi majeur pour toutes les personnes qui travaillent avec l'IA.

Mais n'oublie jamais ceci : que tu utilises une IA, une autre technologie, ou rien du tout, les comportements malveillants et abusifs sont punissables par la loi. Alors,

utilise ChatGPT de manière positive, pour apprendre, pour t'amuser, pour créer, et non pour faire du mal aux autres.

CHAPITRE 5
S'AMUSER ET APPRENDRE AVEC

CHATGPT

Cher jeune explorateur, te voilà presque arrivé à la fin de ce livre ! Mais ne sois pas triste, car l'aventure avec ChatGPT ne fait que commencer ! Voici toute une série d'activités que tu peux faire avec ChatGPT. Tu verras, il y en a pour tous les âges et tous les goûts !

De 6 à 9 ans :

Contes interactifs : Demande à ChatGPT de te raconter une histoire avec tes personnages préférés. Tu peux même choisir où se passe l'histoire et ce qui s'y passe.

Questions amusantes : Pose des questions à ChatGPT. Tu peux lui demander pourquoi le ciel est bleu ou d'où viennent les arcs-en-ciel. Tu seras surpris par ses réponses !

Jeux de mots : ChatGPT est très doué pour les jeux de mots. Essaye de lui demander de faire des rimes, des devinettes ou même des charades !

Jeux de devinettes : Demande à ChatGPT de penser à quelque chose, puis essaie de deviner de quoi il s'agit en posant des questions. Est-ce que c'est grand ? Est-ce que c'est vivant ? Tu vas t'éclater!

Création d'histoires illustrées : Tu peux demander à ChatGPT d'écrire une petite histoire, puis tu peux dessiner les scènes et les personnages. Tu obtiendras ton propre livre illustré !

Atelier de coloriage : Demande à ChatGPT de décrire une scène fantastique. Ensuite, dessine-la et colorie-la. Laisse ton imagination s'envoler !

De 10 à 13 ans :

Aide aux devoirs : ChatGPT est comme un professeur privé qui peut t'aider à comprendre tes leçons et résoudre tes exercices. N'hésite pas à lui demander de l'aide !

Création de poèmes : Laisse libre cours à ta créativité et écris des poèmes avec l'aide de ChatGPT.

Conversations en langues étrangères : Tu peux pratiquer l'anglais, l'espagnol ou n'importe quelle autre langue avec ChatGPT. Il te corrigera avec bienveillance.

Club de lecture : Choisis un livre à lire et parle-en avec ChatGPT. Il peut te donner des résumés de chapitres, discuter des personnages, et même proposer des idées pour la suite de l'histoire !

Exploration du monde : Pose des questions à ChatGPT sur différents pays et cultures. Tu peux apprendre plein de choses sur le monde sans quitter ta maison !

Recettes de cuisine : Si tu aimes cuisiner, demande à ChatGPT de te donner des recettes simples et amusantes à réaliser.

De 14 à 18 ans :

Rédaction d'essais : ChatGPT peut t'aider à organiser tes idées et à écrire des essais sur des sujets qui t'intéressent.

Apprendre la programmation : Tu peux demander à ChatGPT de t'enseigner les bases de la programmation informatique.

Préparation aux entretiens : Si tu as un entretien d'embauche ou pour une école, ChatGPT peut t'aider à te préparer en simulant l'entretien avec toi.

Atelier d'écriture : Que ce soit pour une nouvelle, un roman, une pièce de théâtre ou un scénario de film, ChatGPT peut t'aider à développer ton idée, créer des personnages, et structurer ton récit.

Apprendre la musique : Demande à ChatGPT de t'expliquer la théorie musicale, les notes, les accords et même de t'aider à composer ta propre chanson.

Conseils pour la santé et le bien-être : ChatGPT peut te donner des conseils sur l'activité physique, la méditation, l'alimentation saine et d'autres aspects de la santé et du bien-être.

Création d'un blog ou d'un site web : ChatGPT peut te guider dans la création de ton propre blog ou site web. Tu peux écrire sur tes passions, partager tes idées et communiquer avec le monde.

N'oublie pas que même si ChatGPT est très intelligent et utile, il n'a pas toutes les réponses. Continue à apprendre, à explorer et à poser des questions. Le monde est rempli de merveilles à découvrir !

N'oublie pas, non plus : ChatGPT est là pour t'aider et t'amuser, mais il ne remplace pas tes parents, tes professeurs ou tes amis. Alors, amuse-toi bien et apprends beaucoup avec ChatGPT !

CAS PRATIQUES : DES DÉFIS À TE LANCER POUR CRÉER AVEC CHATGPT COMME ASSISTANT

Chacun de ces défis est une aventure à part entière, prête à être explorée. Alors, es-tu prêt à laisser libre cours à ta créativité ? C'est parti !

N'oublie pas que sur chaque page sont réservés des espaces blancs pour laisser libre court à ta créativité !

CRÉER UN MANGA AVEC CHATGPT

Accroche ta ceinture et attrape ton crayon, parce que nous allons entrer dans le monde passionnant du manga ! ChatGPT est prêt à se transformer en un mentor de manga virtuel rien que pour toi. Prêt à déchaîner ta créativité et à créer un manga incroyable ? Allons-y !

Étape 1 : L'idée générale

Tout d'abord, tu as besoin d'une idée générale pour ton manga. Si tu n'en as pas déjà une, tu peux demander à ChatGPT de t'aider à en trouver une. Par exemple, tu peux dire : "ChatGPT, j'ai besoin d'une idée pour un manga. Il devrait être une combinaison de fantastique et de science-fiction." ChatGPT pourrait te répondre avec une idée comme : "Dans un futur lointain, une civilisation a appris à utiliser la magie pour voyager dans l'espace. Notre héros est un jeune apprenti magicien-astronaute."

Étape 2 : Création des personnages

Maintenant que tu as une idée générale, tu as besoin de personnages. Encore une fois, si tu as besoin d'aide, tu peux demander à ChatGPT. Dis par exemple : "ChatGPT, donne-moi des idées pour le personnage principal de mon manga. Il est un apprenti magicien-astronaute." ChatGPT pourrait te répondre : "Ton héros pourrait être curieux et déterminé, avec un sens de l'humour sarcastique. Il est encore jeune et fait beaucoup d'erreurs avec sa magie, mais il compense par son courage et sa créativité."

Étape 3 : Développement de l'intrigue

Une fois que tu as tes personnages, tu dois penser à l'intrigue de ton manga. Tu peux demander à ChatGPT de t'aider à développer l'intrigue. Par exemple : "ChatGPT, j'ai besoin d'aide pour développer l'intrigue de mon manga. Le héros est un apprenti magicien-astronaute dans une civilisation qui utilise la magie pour voyager dans l'espace." ChatGPT pourrait te donner une idée comme : "Lors d'un voyage d'entraînement, le héros et son mentor se retrouvent perdus dans un secteur inexploré de l'espace. Là, ils découvrent une ancienne menace qui met en danger leur civilisation. C'est à notre héros de maîtriser sa magie pour sauver sa maison."

Étape 4 : Dialogues et dessins

Maintenant que tu as l'intrigue, tu peux commencer à rédiger les dialogues et à dessiner tes personnages. Si tu as besoin d'aide pour rédiger des dialogues, tu peux demander à ChatGPT. Par exemple : "ChatGPT, comment le mentor du héros réagirait-il s'ils étaient perdus dans l'espace?" ChatGPT pourrait te suggérer : "Le mentor pourrait dire quelque chose comme 'Nous sommes peut-être perdus, mais c'est une occasion d'apprendre. L'espace est vaste et mystérieux, et chaque détour inattendu est une chance de découvrir quelque chose de nouveau.'"

Et voilà ! Avec l'aide de ChatGPT, tu as pu créer ton manga. N'oublie pas, ces étapes ne sont que des suggestions, tu peux les adapter à ton processus créatif. Bonne création !

CONCEVOIR UN JEU VIDÉO AVEC CHATGPT

As-tu déjà rêvé de créer ton propre monde virtuel où tu décides des règles ? Eh bien, ton rêve est sur le point de devenir réalité. Avec ChatGPT à tes côtés, nous allons transformer tes idées en un jeu vidéo unique. Prépare-toi à te lancer dans une aventure de création de jeux vidéo !

Étape 1 : L'idée générale

Tout commence par une idée. Si tu n'en as pas déjà une, pas de problème, ChatGPT peut t'aider. Tu pourrais demander quelque chose comme : "ChatGPT, j'ai besoin d'une idée pour un jeu vidéo. Je voudrais qu'il s'agisse d'un jeu d'aventure avec des éléments de puzzle." ChatGPT pourrait alors te proposer : "Qu'en est-il d'un jeu où tu es un archéologue du futur, explorant des planètes abandonnées pour trouver et résoudre des énigmes laissées par des civilisations disparues?"

Étape 2 : Développement des personnages

Un bon jeu a besoin de personnages mémorables. Si tu as besoin d'aide pour les créer, tu peux demander à ChatGPT. Tu pourrais dire : "ChatGPT, donne-moi des idées pour le personnage principal de mon jeu vidéo. Il est un archéologue du futur." ChatGPT pourrait répondre : "Ton personnage principal pourrait être un mélange d'Indiana Jones et de Tony Stark - un archéologue audacieux avec une dose d'humour ironique et des gadgets futuristes pour aider à résoudre les énigmes."

Étape 3 : Conception des énigmes

Maintenant que tu as ton personnage principal, tu as besoin de puzzles pour ton jeu. Tu peux demander à ChatGPT de t'aider à les concevoir. Par exemple, tu pourrais demander : "ChatGPT, j'ai besoin d'aide pour concevoir des énigmes pour mon jeu vidéo. Le joueur doit utiliser des gadgets futuristes pour les résoudre." ChatGPT pourrait te proposer : "Un puzzle pourrait impliquer l'utilisation d'un gadget de distorsion du temps pour déplacer des objets dans une pièce et ouvrir un passage secret. Le joueur doit déterminer où et quand utiliser le gadget pour réussir."

Étape 4 : Création de l'intrigue

Avec les personnages et les puzzles en place, tu as besoin d'une intrigue pour ton jeu. Tu peux demander à ChatGPT de t'aider à développer l'intrigue. Par exemple, tu pourrais dire : "ChatGPT, j'ai besoin d'aide pour développer l'intrigue de mon jeu vidéo. Le personnage principal est un archéologue du futur qui explore des planètes abandonnées." ChatGPT pourrait te suggérer : "Alors qu'il explore différentes planètes, ton personnage découvre des indices sur une ancienne civilisation puissante qui a mystérieusement disparu. Il doit résoudre les énigmes pour révéler le secret de leur disparition et empêcher le même sort de s'abattre sur sa propre civilisation." Et voilà ! Avec l'aide de ChatGPT, tu as maintenant les bases pour concevoir ton propre jeu vidéo.

N'oublie pas que ces étapes sont juste une suggestion, tu peux les adapter à ton propre processus créatif. Bonne création !

CRÉER UN JEU DE RÔLE AVEC CHATGPT

Tu aimes les histoires épiques, les personnages audacieux et les univers fantastiques ? Alors, c'est ton moment de briller. Avec un coup de pouce de ChatGPT, tu vas créer ton propre jeu de rôle, en modelant chaque détail. Prépare-toi à déchaîner ton imagination !

Étape 1 : L'Univers du jeu

Tout bon jeu de rôle commence par la création d'un univers. Si tu as besoin d'inspiration, tu peux demander à ChatGPT de t'aider. Par exemple, tu pourrais dire : "ChatGPT, donne-moi des idées pour un univers de jeu de rôle. Je voudrais quelque chose de fantastique avec des éléments de science-fiction." ChatGPT pourrait alors te proposer : "Que dirais-tu d'un monde où la magie et la technologie coexistent ? Des cités futuristes flottent au-dessus de forêts anciennes et les sorciers programment des sorts avec des ordinateurs quantiques."

Étape 2 : Création des personnages

Un bon jeu de rôle a besoin de personnages intéressants. Si tu as besoin d'aide pour les concevoir, tu peux demander à ChatGPT. Par exemple, tu pourrais demander : "ChatGPT, donne-moi des idées pour les personnages de mon jeu de rôle. Il se passe dans un monde où la magie et la technologie coexistent." ChatGPT pourrait te répondre : "Tu pourrais avoir une grande variété de personnages. Des guerriers cyborgs qui utilisent des épées enchantées, des sorciers hackers qui codent des sorts, et même des créatures magiques qui ont été améliorées avec de la technologie."

Étape 3 : Création des quêtes

Maintenant que tu as tes personnages, tu as besoin de quêtes pour ton jeu de rôle. Tu peux demander à ChatGPT de t'aider à les concevoir. Par exemple, tu pourrais dire : "ChatGPT, donne-moi des idées pour les quêtes de mon jeu de rôle. Les joueurs doivent utiliser à la fois la magie et la technologie." ChatGPT pourrait te suggérer : "Une quête pourrait impliquer de retrouver un artefact ancien qui est la clé pour déverrouiller un puissant sort technomagique. Les joueurs doivent naviguer dans des labyrinthes de haute technologie, combattre des créatures magiques et résoudre des énigmes cryptographiques pour réussir."

Étape 4 : Élaboration des règles

Un jeu de rôle doit aussi avoir des règles. Tu peux demander à ChatGPT de t'aider à les établir. Par exemple, tu pourrais dire : "ChatGPT, aide-moi à créer des règles pour mon jeu de rôle. Il faut qu'elles reflètent le mélange de magie et de technologie de mon univers." ChatGPT pourrait te conseiller : "Pour représenter le mélange de magie et de technologie, tu pourrais avoir des règles qui permettent aux personnages d'utiliser à la fois des compétences technologiques et magiques. Par exemple, un personnage pourrait utiliser ses compétences technologiques pour augmenter la puissance de ses sorts ou utiliser la magie pour manipuler la technologie de façon inattendue."

Et voilà ! Avec l'aide de ChatGPT, tu as maintenant les bases pour concevoir ton propre jeu de rôle. N'oublie pas que ces étape sont juste une suggestion, tu peux les adapter !

ÉCRIRE UNE PIÈCE DE THÉÂTRE AVEC CHATGPT

Alors, tu veux écrire une pièce de théâtre ? Super ! Avec ChatGPT comme assistant, tu seras le dramaturge de l'année en un rien de temps. C'est ton moment de créer des personnages mémorables et de les mettre en scène dans ta propre pièce !

Trouver une idée : Commence par réfléchir à une idée de base pour ta pièce. Tu aimes l'aventure, le fantastique, la comédie ? Une fois que tu as une idée générale, demande à ChatGPT de t'aider à développer ton intrigue. Tu peux écrire : "ChatGPT, j'aimerais écrire une pièce de théâtre sur des explorateurs voyageant dans le temps. Peux-tu m'aider à développer cette idée ?"

Créer des personnages : Chaque pièce de théâtre a besoin de personnages fascinants. Réfléchis à qui sont tes personnages. Quels sont leurs rêves, leurs peurs ? Quelle est leur personnalité ? Tu peux demander à ChatGPT : "ChatGPT, j'ai besoin d'aide pour créer un personnage principal courageux mais un peu maladroit. Peux-tu me donner des suggestions ?"

74

Construire des dialogues : Les dialogues donnent vie à tes personnages et font avancer l'histoire. Si tu as du mal à imaginer ce que diraient tes personnages, demande à ChatGPT de t'aider. Par exemple : "ChatGPT, mon personnage principal vient de découvrir qu'il peut voyager dans le temps. Que pourrait-il dire ?"

Planifier les scènes : Une pièce de théâtre se compose de plusieurs scènes. Chaque scène a un objectif - elle doit faire avancer l'histoire d'une manière ou d'une autre. Demande à ChatGPT de t'aider à planifier tes scènes. Tu pourrais demander : "ChatGPT, j'ai besoin d'aide pour planifier une scène où mon personnage principal apprend à utiliser sa nouvelle capacité à voyager dans le temps. Comment cela pourrait-il se passer ?"

Réviser et peaufiner : Une fois que tu as écrit ta pièce, c'est le moment de la réviser et de l'améliorer. Lis-la à voix haute, imagine-toi la jouer sur scène. Si quelque chose ne semble pas bien fonctionner, n'hésite pas à demander à ChatGPT de t'aider à améliorer. Tu pourrais écrire : "ChatGPT, je pense que le dialogue de cette scène est un peu ennuyeux. Peux-tu me donner des idées pour le rendre plus intéressant ?" Et voilà ! Tu as écrit une pièce de théâtre avec l'aide de ChatGPT.

N'oublie pas, l'écriture est une question de pratique - plus tu écris, plus tu t'améliores. Alors, continue à créer, à explorer et à t'amuser avec ton écriture !

CONCEVOIR UNE "VILLE DE RÊVE" AVEC CHATGPT

Si tu étais maire pour la journée, à quoi ressemblerait ta ville idéale ? Des gratte-ciel futuristes, des parcs luxuriants ou peut-être une école de sorciers ? Avec ChatGPT, tu vas décrire chaque recoin de ta ville de rêve. Allons construire une ville incroyable !

La vision globale : Pour commencer, on doit avoir une vision générale de notre ville. Quel est le climat ? Sur un littoral ou dans une vallée montagneuse ? Ultra-moderne ou plutôt historique ? Pour commencer, demande à ChatGPT : "ChatGPT, j'aimerais construire une ville de rêve à côté d'une forêt tropicale, avec une forte influence de la technologie. Peux-tu me donner des idées générales ?" Les quartiers : Une ville est souvent composée de différents quartiers, chacun ayant sa propre ambiance et son propre style. Que dirais-tu d'avoir un quartier artistique avec plein de galeries et de studios ? Ou un quartier résidentiel tranquille avec de belles maisons et de grands jardins ?

Pense à ce que tu aimerais et demande à ChatGPT : "ChatGPT, j'aimerais un quartier axé sur l'art dans ma ville. Comment serait-il ?" Les bâtiments :

Les bâtiments sont le cœur d'une ville. Ils peuvent être de toutes formes et tailles, du gratte-ciel ultra-moderne au chalet pittoresque. Demande à ChatGPT : "ChatGPT, j'aimerais des bâtiments modernes et respectueux de l'environnement dans ma ville. Peux-tu m'aider à les imaginer ?" Les espaces verts : Une ville a aussi besoin de nature ! Les parcs, les jardins, les rivières, les lacs, tous ces éléments peuvent rendre une ville plus agréable à vivre. Demande à ChatGPT : "ChatGPT, j'aimerais que ma ville ait beaucoup d'espaces verts. Peux-tu me donner des idées de parcs ou de jardins ?"

Les habitants : Enfin, réfléchis à qui vivrait dans ta ville. Quelles seraient les activités préférées des habitants ? Quel genre de communautés se formeraient ? Demande à ChatGPT : "ChatGPT, j'imagine des habitants de ma ville comme des amoureux de la nature et de la technologie. Quels types de communautés et d'activités pourraient-ils avoir ?"

Révision : Une fois que tu as toutes ces idées, il est temps de les assembler et de voir comment elles s'harmonisent. Relis tout et vois si tu veux ajouter ou modifier quelque chose. Et n'oublie pas, tu peux toujours demander à ChatGPT de t'aider à peaufiner tes idées.

Et voilà ! Tu as créé la ville de tes rêves. Comme tu peux le voir, ChatGPT peut être un excellent outil pour stimuler ton imagination et t'aider à réaliser tes idées les plus folles. Alors, continue à rêver et à créer !

CONCEVOIR UN ANIMAL FANTASTIQUE AVEC CHATGPT

Tu aimes les animaux ? Qu'en est-il des créatures fantastiques de ton imagination ? Avec ChatGPT, tu peux créer ton propre animal fantastique, en décrivant ses caractéristiques, son habitat et même ses habitudes. Prêt à donner vie à ton animal fantastique ?

L'apparence physique : Commence par définir l'apparence de ton animal fantastique. Quelle taille fait-il ? A quoi ressemble-t-il ? Quelle est la couleur de sa peau ou de son pelage ? A-t-il des ailes, des cornes, plusieurs têtes ? Pour cela, tu peux demander à ChatGPT : "ChatGPT, j'imagine un animal fantastique qui a la taille d'un cheval, avec des ailes de dragon et un pelage bleu électrique. Peux-tu m'aider à le décrire davantage ?"

Les caractéristiques spéciales : Ton animal fantastique pourrait avoir des caractéristiques spéciales. Il pourrait cracher du feu, voler, se rendre invisible, ou avoir une force incroyable. Demande à ChatGPT : "ChatGPT, j'aimerais que mon animal puisse se rendre invisible et possède une grande agilité. Peux-tu m'aider à imaginer comment cela fonctionnerait ?"

Les habitudes : Qu'est-ce que ton animal aime faire ? Est-ce un prédateur ou un herbivore ? Est-il actif pendant la journée ou la nuit ? Passe-t-il son temps à voler, à nager ou à courir ? Pour obtenir de l'aide à ce sujet, demande à ChatGPT : "ChatGPT, j'aimerais que mon animal soit nocturne et qu'il soit un excellent chasseur. Peux-tu me donner plus d'idées sur ses habitudes ?"

L'habitat : Où vit ton animal fantastique ? Dans une jungle profonde ? Au sommet des montagnes ? Dans un autre monde ? Demande à ChatGPT : "ChatGPT, j'imagine mon animal vivant dans un environnement forestier, dans des arbres géants. Peux-tu m'aider à décrire son habitat ?"

Révision : Une fois que tu as toutes ces idées, il est temps de les assembler et de voir comment elles se complètent.

Relis tout et vois si tu veux ajouter ou modifier quelque chose. Et n'oublie pas, tu peux toujours demander à ChatGPT de t'aider à peaufiner tes idées.

Et voilà, tu as créé ton propre animal fantastique ! C'est vraiment amusant de laisser libre cours à son imagination avec ChatGPT. Continue de créer et d'explorer !

INVENTER UNE NOUVELLE LANGUE SECRÈTE AVEC CHATGPT

As-tu déjà voulu avoir ta propre langue secrète pour bavarder avec tes amis sans que personne d'autre ne comprenne ? Eh bien, c'est ton jour de chance ! Ensemble avec ChatGPT, tu vas créer une langue toute neuve. Prêt à devenir un linguiste secret ?

Les sons de base : Chaque langue a ses propres sons, qui sont les bases de tous les mots. Choisis des sons que tu aimes et qui sont faciles à prononcer. Pour obtenir de l'aide sur ce sujet, tu peux demander à ChatGPT : "ChatGPT, j'aimerais créer une langue secrète. Peux-tu me donner des idées de sons de base que je pourrais utiliser ?"

La grammaire : La grammaire est l'ensemble des règles qui régissent comment les mots et les phrases sont formés dans une langue. Tu n'as pas besoin de faire quelque chose de très compliqué. Une grammaire simple peut suffire pour ta langue secrète. Demande à ChatGPT : "ChatGPT, peux-tu m'aider à établir des règles de grammaire simples pour ma langue secrète ?"

Le vocabulaire : Maintenant, il est temps de créer des mots. Commence par des mots simples, comme "bonjour", "merci", "oui", "non", etc. Tu peux demander à ChatGPT : "ChatGPT, j'ai besoin de mots simples pour ma langue secrète. Peux-tu me donner des idées ?"

Les phrases : Une fois que tu as quelques mots, essaie de les assembler pour faire des phrases. Demande à ChatGPT : "ChatGPT, j'ai créé ces mots pour ma langue secrète. Peux-tu m'aider à les assembler pour faire des phrases ?"

Révision et pratique : Une fois que tu as créé ta langue, il est temps de la pratiquer.

Utilise-la pour écrire des messages secrets ou pour parler avec tes amis qui la connaissent. C'est une façon amusante de communiquer et de garder des secrets. Rappelle-toi, il n'y a pas de règles fixes pour créer une langue secrète. L'important, c'est que toi et ceux qui la parlent puissent comprendre. Amuse-toi bien avec ce projet !

CRÉER UN JEU DE SOCIÉTÉ AVEC CHATGPT

Tu aimes passer du temps autour d'un bon jeu de société ? Et si tu pouvais créer ton propre jeu ? Avec l'aide de ChatGPT, tu peux transformer cette idée en réalité. Prépare-toi à concevoir le jeu de société le plus cool de tous les temps !

Le concept : Chaque jeu a un thème ou un concept. Cela peut être une course de voitures, une chasse au trésor, un voyage dans l'espace, etc. Pense à ce que tu aimes et ce que tu trouverais amusant dans un jeu. Tu peux demander à ChatGPT : "ChatGPT, j'aimerais créer un jeu de société. Peux-tu me donner des idées de concepts ?"

Les règles : Maintenant que tu as un concept, il est temps de définir les règles. Comment on gagne ? Qu'est-ce qui fait perdre les joueurs ? Quelles sont les actions possibles pendant le tour d'un joueur ? N'hésite pas à demander à ChatGPT : "ChatGPT, peux-tu m'aider à définir des règles pour mon jeu de société sur [insère ton concept ici] ?"

Le design : Pense à ce à quoi ton jeu pourrait ressembler. Auras-tu besoin d'un plateau de jeu, de cartes, de pions ? Comment tout cela pourrait-il être organisé ? Tu peux demander à ChatGPT : "ChatGPT, peux-tu m'aider à imaginer le design de mon jeu de société ?"

Les tests : Une fois que tu as créé ton jeu, il est important de le tester. Joue avec ta famille ou tes amis et ajuste les règles si nécessaire. Demande des retours à ceux qui l'ont essayé. Tu peux aussi demander à ChatGPT : "ChatGPT, j'ai testé mon jeu et voici les retours que j'ai eus. Comment puis-je améliorer mon jeu de société ?"

Améliorations et finitions : Une fois les tests terminés, apporte les dernières modifications à ton jeu. Peut-être que tu veux ajouter plus de détails ou de nouvelles règles. ChatGPT est là pour t'aider à peaufiner ton jeu jusqu'à ce qu'il soit parfait. C'est une aventure amusante et excitante de créer ton propre jeu de société. Alors, prêt à relever le défi ? Amuse-toi bien et bonne chance !

CHAPITRE 6
CHATGPT POUR LES PARENTS :

COMPRENDRE ET ACCOMPAGNER SON ENFANT DANS L'UTILISATION DE L'IA

Chers parents,

Vous avez sans doute entendu parler de ChatGPT, l'assistant de conversation développé par OpenAI. Il peut sembler complexe au premier abord, mais ne vous inquiétez pas, nous sommes là pour vous aider à le comprendre. Et surtout, à comprendre comment votre enfant peut l'utiliser en toute sécurité et pour sa croissance personnelle.
Qu'est-ce que ChatGPT ?

ChatGPT est une intelligence artificielle (IA) qui peut tenir une conversation en texte, un peu comme un ami avec lequel on peut discuter par SMS. Il est capable de comprendre des questions et de donner des réponses en se basant sur une énorme quantité de textes qu'il a "appris" pendant sa formation. Il peut aider à rédiger des textes, créer des histoires, répondre à des questions, et bien plus encore.
Pourquoi mon enfant devrait-il utiliser ChatGPT ?

ChatGPT peut être un outil d'apprentissage précieux. Il peut aider votre enfant à explorer ses intérêts, à obtenir des réponses à des questions curieuses, à développer ses compétences en rédaction, à résoudre des problèmes mathématiques ou même à apprendre une nouvelle langue. En outre, il peut être utilisé pour des activités créatives, comme écrire des histoires, inventer des blagues, ou créer des jeux de mots.
Comment assurer la sécurité de mon enfant ?

La sécurité est primordiale. Voici quelques conseils pour aider votre enfant à utiliser ChatGPT en toute sécurité :

Supervision : Toujours superviser les interactions de votre enfant avec ChatGPT. Assurez-vous qu'ils utilisent cette technologie de manière appropriée.

Paramètres de sécurité : Vous pouvez régler les paramètres de sécurité de ChatGPT pour rendre l'IA plus appropriée pour votre enfant. Par exemple, vous pouvez régler la sensibilité aux contenus explicites.

Discussion : Parlez à votre enfant de l'utilisation responsable de la technologie. Expliquez-lui que ChatGPT est une machine, et qu'il ne doit pas partager d'informations personnelles avec elle.

Et après ?

Avec votre accompagnement et votre supervision, ChatGPT peut être un formidable outil d'apprentissage et de développement pour votre enfant. L'important est de le voir comme une ressource à exploiter ensemble, une façon amusante et interactive de découvrir de nouvelles connaissances. Donc, parents, à vous de jouer avec ChatGPT, d'explorer et d'apprendre avec vos enfants, pour que cette expérience devienne une véritable aventure familiale dans le monde de l'IA !

Explorer ensemble avec ChatGPT

L'une des meilleures façons de guider votre enfant dans l'utilisation de ChatGPT est de l'explorer ensemble. Voici quelques idées d'activités pour vous aider à commencer :

Lire ensemble : ChatGPT peut générer des histoires courtes. Demandez à l'IA de vous raconter une histoire sur un thème que votre enfant aime. Cela peut être une histoire de super-héros, de princesses, d'animaux ou de voyages dans l'espace. Lisez l'histoire ensemble et discutez-en. Cela peut aider à développer la compréhension de lecture de votre enfant et à stimuler son imagination.

Apprendre ensemble : ChatGPT peut aider à expliquer des concepts difficiles de manière simple. Si votre enfant a du mal avec une leçon d'école, essayez de demander à l'IA de l'expliquer. Cela peut donner une nouvelle perspective à votre enfant et faciliter l'apprentissage.

Jouer ensemble : Utilisez ChatGPT pour jouer à des jeux de mots ou des énigmes. Par exemple, vous pouvez demander à l'IA de vous donner des devinettes ou des mots croisés. C'est une façon amusante de passer du temps ensemble et cela peut aider votre enfant à développer ses **compétences en résolution de problèmes et en pensée critique.**

Écrire ensemble : Si votre enfant aime écrire, ChatGPT peut être un excellent partenaire de rédaction. Demandez à l'IA de vous aider à développer une idée de récit, à trouver un mot ou une expression appropriée, ou même à corriger l'orthographe et la grammaire. Cela peut encourager l'amour de l'écriture de votre enfant et aider à améliorer ses compétences en rédaction.

Expérimenter ensemble : L'IA, comme ChatGPT, est une technologie de pointe, et c'est une excellente occasion d'apprendre en expérimentant. Encouragez votre enfant à poser différentes questions à ChatGPT, à tester ses limites, et à découvrir comment il fonctionne. Cela peut aider votre enfant à développer une compréhension de la technologie et à stimuler sa curiosité.

En fin de compte, l'utilisation de ChatGPT peut être une merveilleuse aventure partagée. C'est une occasion de passer du temps de qualité avec votre enfant, d'apprendre et de grandir ensemble. Alors, chers parents, allons-y et explorons le monde fascinant de l'intelligence artificielle avec ChatGPT !
Activités parents et enfants

Chers parents, voici pour terminer des idées d'activités que vous pouvez faire avec vos enfants en utilisant ChatGPT :

1. Ateliers de créativité : ChatGPT peut aider à créer des scénarios pour des jeux de rôles. Demandez à ChatGPT de proposer un décor et une trame, puis jouez-la ensemble. Vous pouvez même ajouter des costumes pour plus d'amusement.

2. Contes du soir : Demandez à ChatGPT de créer une histoire sur le thème de votre choix, puis lisez-la à vos enfants avant de dormir. C'est une nouvelle aventure chaque soir !

3. Quiz en famille : Utilisez ChatGPT pour créer un quiz familial sur différents sujets : géographie, histoire, science, culture générale... Vous pouvez apprendre tout en vous amusant.

4. Recettes de cuisine ensemble : Demandez à ChatGPT de vous proposer une recette simple que vous pouvez préparer ensemble. C'est un moyen amusant d'apprendre à cuisiner.

5. Projets d'art et d'artisanat : Demandez à ChatGPT de suggérer un projet d'art ou d'artisanat adapté à l'âge de vos enfants. Vous pouvez passer une après-midi agréable à créer ensemble.

6. Jeux de lettres : Utilisez ChatGPT pour proposer des mots difficiles pour un jeu de scrabble ou de mots croisés. C'est une façon amusante de renforcer les compétences linguistiques de vos enfants.

7. Exploration de la nature : Demandez à ChatGPT de vous expliquer différents phénomènes naturels, comme le cycle de l'eau, la photosynthèse, etc. Ensuite, sortez et explorez le monde réel avec vos enfants.

8. Projet scientifique : Demandez à ChatGPT de suggérer une expérience scientifique simple et sûre à faire à la maison. C'est une excellente façon de rendre la science amusante et tangible.

9. Séances de méditation : ChatGPT peut guider une séance de méditation ou de relaxation. C'est une bonne activité pour apprendre à vos enfants à se détendre et à gérer le stress.

10. Tutorat : ChatGPT peut aider vos enfants avec leurs devoirs, en expliquant des concepts difficiles de manière simple et compréhensible.

N'oubliez pas que la sécurité est toujours primordiale. Supervisez toujours les interactions de vos enfants avec l'IA et assurez-vous qu'ils utilisent cette technologie de manière appropriée et sécurisée.

CHAPITRE 7
CHATGPT, UN COMPAGNON

D'APPRENTISSAGE POUR LES ENSEIGNANTS

En tant qu'enseignant, vous êtes toujours à la recherche de nouvelles façons d'inspirer vos élèves, de leur présenter des concepts complexes et de faire de l'apprentissage une expérience positive. Voici ChatGPT, une intelligence artificielle formée par OpenAI, qui peut être un outil utile pour enrichir votre enseignement.

Qu'est-ce que ChatGPT ?

ChatGPT est un modèle de langage avancé, c'est-à-dire une forme d'intelligence artificielle conçue pour comprendre et générer du texte. C'est comme si vous aviez un immense livre de toutes les connaissances et de toutes les phrases jamais écrites, et que ce livre avait la capacité de créer de nouvelles phrases sur la base de ce qu'il "connaît". Mais souvenez-vous, bien qu'il soit doué pour imiter la conversation humaine, il n'a pas de pensées ou de sentiments propres.

Comment fonctionne ChatGPT ?

ChatGPT a été formé sur un énorme ensemble de textes provenant d'Internet. Il utilise ce que l'on appelle un réseau neuronal pour prédire la suite d'une phrase ou d'un texte. Par exemple, si vous lui donnez une phrase comme "Aujourd'hui, il fait très chaud, donc je pense que je vais...", ChatGPT pourrait compléter la phrase par "prendre un verre de limonade bien fraîche".

Comment puis-je l'utiliser dans ma classe ?

Il y a de nombreuses façons d'intégrer ChatGPT dans votre enseignement. Voici quelques idées pour vous lancer :

Création de textes : Les élèves peuvent utiliser ChatGPT pour les aider à commencer une histoire, une rédaction ou tout autre type de texte. Ils pourraient aussi l'utiliser pour obtenir des suggestions sur la manière de terminer un texte ou de résoudre un problème de rédaction.

Apprentissage de nouvelles langues : ChatGPT peut être utilisé pour traduire des phrases, aider à la grammaire ou même pratiquer une conversation dans une nouvelle langue.

Soutien pour les devoirs : Les élèves peuvent poser des questions à ChatGPT sur divers sujets, allant des mathématiques à l'histoire, en passant par la science.

Cependant, il est important de rappeler à vos élèves que, même si ChatGPT est une ressource précieuse, il ne remplace pas les livres, les cours, les expériences pratiques et le précieux apprentissage social qu'ils obtiennent en travaillant ensemble et en discutant avec vous et avec leurs pairs.
Quels sont les défis et les limites de l'utilisation de ChatGPT ?

Il est essentiel d'être conscient des limites de ChatGPT. Parfois, il peut faire des erreurs, donner des informations inexactes ou interpréter de manière erronée une question complexe. Par ailleurs, bien qu'OpenAI ait fait beaucoup d'efforts pour éviter les abus, il est essentiel de surveiller l'utilisation de ChatGPT par les élèves pour s'assurer qu'elle est appropriée et sûre.

En résumé, ChatGPT peut être un outil d'apprentissage précieux et amusant lorsqu'il est utilisé de manière appropriée et supervisée. Il peut encourager la créativité, soutenir l'apprentissage indépendant et offrir un moyen innovant d'explorer de nouvelles idées en classe. Alors, pourquoi ne pas l'essayer ?

CARNET DE VACANCES AVEC CHATGPT POUR LES 6 – 9 ANS

Activité 1: Conte de Fées

C'est l'heure de créer ta propre histoire ! Demande à ChatGPT de t'écrire un conte de fées. Par exemple, tu peux lui dire: "Raconte-moi un conte de fées sur une licorne qui a perdu sa corne magique."

Activité 2: Artiste de Mots

Tu peux demander à ChatGPT de t'aider à écrire un poème. Essaye cette phrase : "Aide-moi à écrire un poème sur un papillon qui danse dans le vent."
Activité 3: Le Jeu des Devinettes

Veux-tu jouer à un jeu de devinettes ? Demande à ChatGPT : "Propose-moi une devinette sur les animaux."

Activité 4: Le Théâtre de Marionnettes

Tu aimes les marionnettes ? Crée ton propre spectacle de marionnettes avec l'aide de ChatGPT. Tu peux lui demander : "Ecris-moi une petite scène de théâtre avec une grenouille et un lapin."
Activité 5: Explorateur du Passé

Tu es curieux à propos des dinosaures ? Demande à ChatGPT: "Dis-moi des faits amusants sur les dinosaures."

Activité 6: Voyager Sans Bouger

Tu rêves de voyager dans des pays lointains ? Demande à ChatGPT de te raconter une histoire sur un voyage à Tokyo, par exemple: "Raconte-moi une histoire sur un voyage à Tokyo."

Activité 7: Imaginer le Futur

Que penses-tu que le futur sera comme ? Tu peux demander à ChatGPT: "Imagine à quoi ressemblerait le monde dans 100 ans."

Activité 8: Animaux Imaginaires

Si tu pouvais créer ton propre animal, à quoi ressemblerait-il ? Demande à ChatGPT de te décrire un animal que tu viens d'inventer, par exemple: "Décris-moi un animal qui est moitié chat et moitié papillon."

CAHIER DE VACANCES CHATGPT
POUR LES GRANDS : 9 À 11 ANS

Activité 1 : "Le Quiz du Futur"

Objectif : Élargis tes connaissances sur des inventions futuristes et découvre ce que pourrait être le monde de demain.

Que demander à ChatGPT : "Peux-tu me donner un quiz sur les inventions futuristes ?"

Activité 2 : "Les Créatures Fantastiques"

Objectif : Découvre de nouvelles créatures imaginaires et apprends à créer tes propres personnages pour tes histoires.

Que demander à ChatGPT : "Peux-tu me décrire une créature fantastique que personne n'a jamais imaginée ?"

Activité 3 : "Les Recettes de l'Espace"

Objectif : Apprends comment les astronautes mangent dans l'espace et invente ta propre recette d'un plat spatial.

Que demander à ChatGPT : "Comment les astronautes mangent-ils dans l'espace ? Peux-tu m'aider à créer une recette pour un plat spatial ?"

Activité 4 : "Histoires à Finir"

Objectif : Améliore ton écriture et ton imagination en terminant une histoire commencée par ChatGPT.

Que demander à ChatGPT : "Peux-tu commencer une histoire de science-fiction pour que je la termine ?"

Activité 5 : "Maths Amusantes"

Objectif : Résous des énigmes mathématiques pour améliorer tes compétences en maths tout en t'amusant.

Que demander à ChatGPT : "Peux-tu me donner une énigme mathématique amusante à résoudre ?"

Activité 6 : "Langues du Monde"

Objectif : Découvre de nouvelles langues et cultures en apprenant quelques phrases de base dans une langue étrangère.

Que demander à ChatGPT : "Peux-tu m'apprendre à dire 'Bonjour', 'Merci' et 'Au revoir' en japonais ?"

Activité 7 : "Le Code Secret"

Objectif : Découvre le monde de la cryptographie et apprends à créer et déchiffrer des codes secrets.

Que demander à ChatGPT : "Peux-tu m'apprendre à créer un code secret simple et m'aider à déchiffrer un message ?"

Activité 8 : "Quiz Musique du Monde"

Objectif : Découvre des musiques du monde entier et élargis tes connaissances musicales.

Que demander à ChatGPT : "Peux-tu me donner un quiz sur les musiques du monde ?"

CAHIER DE VACANCES CHATGPT
POUR LES PRÉ-ADOS : 11 À 13 ANS

Activité 1 : "L'Explorateur de l'Espace"

Objectif : Découvre l'espace et ses mystères de manière ludique.

Que demander à ChatGPT : "Peux-tu me raconter une histoire intéressante sur l'espace ?"

Activité 2 : "Le Détective des Animaux"

Objectif : Découvre des faits fascinants sur les animaux et deviens un véritable explorateur du règne animal.

Que demander à ChatGPT : "Peux-tu me donner un fait amusant sur un animal que je ne connais pas ?"

Activité 3 : "Le Super Héros des Mathématiques"

Objectif : Apprends des concepts mathématiques de manière simple et amusante.

Que demander à ChatGPT : "Peux-tu m'expliquer un concept mathématique d'une manière amusante ?"

Activité 4 : "L'Artiste en Herbe"

Objectif : Apprends à dessiner ou à peindre de manière simple et ludique.

Que demander à ChatGPT : "Peux-tu me donner des astuces pour dessiner un paysage ?"

Activité 5 : "L'Écrivain du Futur"

Objectif : Améliore tes compétences en écriture et en créativité en écrivant une courte histoire.

Que demander à ChatGPT : "Peux-tu me donner le début d'une histoire pour que je la termine ?"

CAHIER DE VACANCES CHATGPT POUR LES 13 ANS ET PLUS

Activité 1 : "L'Historien du Futur"

Objectif : Explore l'histoire du monde de manière intéressante et interactive.

Que demander à ChatGPT : "Peux-tu me raconter une histoire passionnante sur un événement historique important ?"

Activité 2 : "Le Scientifique des Étoiles"

Objectif : Découvre des faits fascinants sur l'astronomie et l'univers.

Que demander à ChatGPT : "Peux-tu m'expliquer une théorie scientifique liée à l'astronomie d'une manière simple et amusante ?"

Activité 3 : "Le Maître des Problèmes"

Objectif : Aiguiser ton esprit logique avec des problèmes mathématiques complexes et captivants.

Que demander à ChatGPT : "Peux-tu me proposer un problème de mathématiques intéressant et sa solution ?"

Activité 4 : "L'Auteur Mystère"

Objectif : Développe tes talents d'écriture en créant une nouvelle ou un récit de fiction.

Que demander à ChatGPT : "Peux-tu m'aider à écrire un début captivant pour une histoire de science-fiction ?"

Activité 5 : "Le Curieux du Monde"

Objectif : Élargis ton horizon culturel en découvrant des faits et des histoires sur différents pays et cultures.

Que demander à ChatGPT : "Peux-tu me donner des informations intéressantes sur la culture japonaise ?"

CAHIER DE VACANCES CHATGPT
POUR LES PARENTS

Salutations aux parents ! Voici quelques activités que vous pouvez effectuer avec ChatGPT. Plaisir, connaissance et un brin de sérieux au programme.

Activité 1 : "Le Guide Culinaire"

Objectif : Expérimenter de nouvelles recettes pour pimenter vos repas de vacances.

Que demander à ChatGPT : "Peux-tu me donner une recette originale de cuisine italienne ?"

Activité 2 : "Le Professeur à Domicile"

Objectif : Trouver des moyens innovants pour aider vos enfants à apprendre et réviser leurs cours pendant les vacances.

Que demander à ChatGPT : "Comment puis-je rendre l'apprentissage des mathématiques amusant pour mon enfant ?"

Activité 3 : "L'Entraîneur Personnel"

Objectif : Apprendre des exercices simples et efficaces à faire à la maison pour rester en forme.

Que demander à ChatGPT : "Peux-tu me proposer une routine d'exercices à faire à la maison sans équipement ?"

Activité 4 : "Le Maître du Jeu"

Objectif : Découvrir des jeux de société ou d'extérieur pour animer vos soirées en famille.

Que demander à ChatGPT : "Recommande-moi un jeu de société amusant et éducatif pour toute la famille ?"

Activité 5 : "Le Globe-Trotteur Virtuel"

Objectif : Découvrir et apprendre sur de nouvelles cultures et lieux à travers le monde.

Que demander à ChatGPT : "Raconte-moi des faits intéressants sur le Pérou ?"

CAHIER DE VACANCES CHATGPT
POUR LES GRANDS-PARENTS

Chers grands-parents, voici quelques idées d'activités amusantes et enrichissantes à explorer avec ChatGPT pendant vos vacances.

Activité 1 : "La Mémoire des Mots"

Objectif : Améliorer votre mémoire et garder votre esprit vif avec des mots croisés personnalisés.

Que demander à ChatGPT : "Peux-tu créer un mot croisé avec ces mots : 'famille', 'joie', 'vacances', 'grand-parents' ?"

Activité 2 : "Le Maître Jardinier"

Objectif : Approfondir vos connaissances en jardinage et découvrir de nouvelles plantes ou techniques.

Que demander à ChatGPT : "Peux-tu me donner des conseils pour faire pousser des roses dans mon jardin ?"

Activité 3 : "Le Gourmet"

Objectif : Découvrir de nouvelles recettes faciles à réaliser pour gâter vos petits-enfants lors de leur prochaine visite.

Que demander à ChatGPT : "Peux-tu me donner une recette facile de cookies aux pépites de chocolat ?"

Activité 4 : "L'Historien Amateur"

Objectif : Apprendre des faits historiques surprenants pour partager avec vos petits-enfants.

Que demander à ChatGPT : "Peux-tu me raconter un événement historique intéressant survenu en 1945 ?"

Activité 5 : "Le Guide du Tricot"

Objectif : Parfaire vos techniques de tricot et découvrir de nouveaux modèles.

Que demander à ChatGPT : "Peux-tu me donner des instructions pour tricoter un bonnet pour bébé ?"

CAHIER DE VACANCES CHATGPT
POUR LES ENSEIGNANTS

Chers enseignants, votre travail est essentiel pour l'avenir de notre société, et nous savons qu'il peut être épuisant. Pour vous aider à vous détendre, tout en stimulant votre créativité et votre passion pour l'enseignement, voici quelques idées.

Activité 1 : "L'innovateur en Classe"

Objectif : Imaginer de nouvelles méthodes d'enseignement pour rendre vos cours plus attrayants et efficaces.

Que demander à ChatGPT : "Peux-tu me donner des idées pour rendre l'apprentissage des mathématiques plus amusant ?"

Activité 2 : "Le Livre de l'Inspiration"

Objectif : Créer une histoire engageante à partager avec vos élèves à la rentrée.

Que demander à ChatGPT : "Peux-tu commencer une histoire qui enseigne l'importance de la coopération ?"

Activité 3 : "La Science dans la Cuisine"

Objectif : Développer une expérience scientifique facile et amusante à faire en classe.

Que demander à ChatGPT : "Peux-tu me proposer une expérience scientifique simple et sûre que je peux faire avec mes élèves ?"

Activité 4 : "L'Artiste au Repos"

Objectif : Découvrir une nouvelle technique artistique pour vous détendre et éventuellement l'intégrer dans vos cours d'art.

Que demander à ChatGPT : "Peux-tu m'expliquer comment faire une peinture à l'aquarelle ?"

Activité 5 : "L'Explorateur de Langues"

Objectif : Apprendre quelques phrases de base dans une nouvelle langue, pour le plaisir ou pour initier vos élèves à une nouvelle culture.

Que demander à ChatGPT : "Peux-tu me montrer comment dire 'Bonjour, comment ça va ?' en italien ?"

Profitez de vos vacances pour vous ressourcer, tout en explorant de nouvelles idées pour l'année scolaire à venir. Amusez-vous bien avec ces activités et bonnes vacances !

CONCLUSION

Et voilà, l'aventure avec ChatGPT touche à sa fin... pour l'instant ! Mais ne t'inquiète pas, cela ne signifie pas que le voyage est terminé. Avec ChatGPT à tes côtés, chaque jour peut être une nouvelle exploration, un nouveau défi, une nouvelle histoire à écrire. Ce n'est pas la fin, c'est plutôt le début d'une multitude d'aventures qui t'attendent.

Dans ce livre, tu as découvert ce qu'est ChatGPT, comment l'utiliser, ses mystères et ses limites. Tu as appris comment t'amuser et créer avec lui. Tu as même impliqué tes parents, tes grands-parents et tes enseignants dans cette aventure.

Mais le plus important est que tu as pris en main un outil puissant, une porte ouverte sur le monde de l'IA. Tu as la possibilité d'apprendre de nouvelles choses, de créer et de partager des histoires, de poser des questions sur tout ce qui te passe par la tête.

Alors, où iras-tu ensuite ? Quelle sera ta prochaine création ? Quelle question poseras-tu à ChatGPT ? Ce sont des questions que seul toi peux répondre. N'oublie pas, l'apprentissage n'est pas une destination, c'est un voyage. Et chaque jour, tu as l'opportunité de rendre ce voyage encore plus intéressant.

Alors, bon voyage, explorateur ! Amuse-toi bien, apprends, crée et partage. Et souviens-toi, même si ce livre se termine, l'aventure avec ChatGPT, elle, ne fait que commencer. À toi de jouer !

PENSE À EXPLORER D'AUTRES IA ET RESTE EN CONTACT

Oh là là, quel voyage nous avons fait ensemble, n'est-ce pas ? Mais devine quoi ? L'aventure ne s'arrête pas là. Le monde de l'intelligence artificielle est immense et toujours en pleine expansion. Il y a tant d'autres IA à découvrir, chacune avec ses propres fonctionnalités uniques et fascinantes.

Sais-tu par exemple que les images de ton livre désormais préféré ont toutes été créées par une IA ? Il s'agit de Bing Image Creator, un outil Microsoft qui transforme une phrase, une description, en image. Magique ! Tu peux toi aussi l'essayer et l'utiliser gratuitement pour créer des images incroyables. Il suffit que tu te rendes sur Internet : https://www.bing.com/create. Essaie : Un chat portant une tenue disco et se tenant sous une boule disco, art numérique

Pour les plus curieux : Bing Image Creator utilise une technologie comparable à ChatGPT mais dans le monde des pixels. Cette technologie s'appelle DALL-E (prononcer « dali ») et n'est autre… que la grande sœur de ChatGPT ! Elle a en effet été créée par la même société, OpenAI. Mais il en existe plein d'autres !

Peut-être que tu voudras explorer comment les IA peuvent créer de la musique, ou comment elles peuvent t'aider à apprendre une nouvelle langue. Peut-être que tu voudras voir comment elles sont utilisées dans les voitures autonomes ou dans les robots. Qui sait ? Peut-être même que tu deviendras un jour créateur d'IA !

Mais n'oublie pas, dans cette exploration, je suis toujours là pour toi. Si tu as des questions, des commentaires ou si tu veux simplement partager tes expériences, n'hésite pas à m'envoyer un message. Tu peux me contacter à YasminaChatGPT@gmail.com.

Je serais ravie de recevoir de tes nouvelles, de te donner des informations exclusives, des conseils et des infos sur mes prochains livres. Et si tu as aimé ce livre, fais-le moi savoir. Tes retours sont toujours les bienvenus et me font toujours plaisir.

Et si ce livre t'a plu, deux choses importantes : demande à un adulte de ton entourage, peut-être à celui qui t'a offert ce livre, de t'aider à **publier un commentaire sur Internet** – le site de ton choix. C'est comme cela que d'autres lecteurs auront encore plus envie de lire mon ouvrage.

Et puis… **parles-en à tous tes amis** ! Mais pas aux autres, ils ne le méritent pas. Je plaisante, mais ça aussi c'est important. J'aimerais que le plus grand nombre d'enfants et d'adultes en devenir lisent cet ouvrage et apprennent à se servir de cet outil extraordinaire (quand il est bien employé). Je n'imagine pas un futur où la vie de tous les jours mais surtout le monde du travail n'évolue avec lui, ceux qui auront bien compris ce qu'il est et comment bien s'en servir feront sûrement la différence. C'est la raison d'être aussi de ce livre, qui, rêvons un peu, espère se retrouver dans le cartable ou sur l'ordinateur de tous les écoliers de France ou même du monde ! En attendant, je t'encourage à le recommander à tes amis, ou à leur prêter ton exemplaire, quand tu l'auras terminé.

Donne-moi des nouvelles de tout cela, et même, si tu crées des œuvres extraordinaires ou une entreprise géniale grâce à ce livre, fais-le-moi-savoir ! J'en serai heureuse. Je t'enverrai en guise de remerciement des astuces supplémentaires, une petite liste d'outils sympas et même un peu fous, utilisant l'IA, à découvrir par toi-même.

Alors, qu'attends-tu ? L'IA t'attend. Partons ensemble pour un nouveau voyage d'exploration et de découverte. Au plaisir de te lire bientôt !

LE PETIT DICTIONNAIRE DE L'IA ET DE L'INFORMATIQUE POUR LES JEUNES EXPLORATEURS

Algorithme : Un ensemble de règles que ton ordinateur suit pour résoudre des problèmes. C'est comme une recette de cuisine que ton ordinateur utilise pour faire une tâche précise.

Analyse de données : Imagine que tu as une grande boîte remplie de LEGO de différentes couleurs et formes. L'analyse de données, c'est comme trier tous ces LEGO pour trouver ceux que tu cherches pour construire ton super château.

Apprentissage automatique (machine learning) : C'est quand on permet à nos ordinateurs de devenir des élèves et d'apprendre tout seuls. Par exemple, ton jeu vidéo préféré pourrait apprendre comment tu joues et devenir plus difficile pour te rendre meilleur.

Chatbot : Un robot virtuel avec qui tu peux discuter. C'est comme avoir un ami qui vit à l'intérieur de ton ordinateur et qui répond toujours à tes questions.

ChatGPT : C'est un type particulier de chatbot que j'ai été créé pour pouvoir discuter de n'importe quoi avec toi. J'essaie de comprendre et d'imiter le langage humain pour rendre nos conversations plus amusantes et intéressantes.

Cloud computing : C'est comme un grand grenier invisible où nous pouvons stocker toutes nos choses numériques (comme des photos, des jeux, des vidéos) et les utiliser quand nous en avons besoin.

Cryptomonnaie : C'est de l'argent, mais en version numérique. Tu ne peux pas la tenir dans ta main comme un billet de 10 euros, mais tu peux l'utiliser pour acheter des choses sur internet.

Cyberattaque : C'est quand quelqu'un essaie de faire des bêtises sur ton ordinateur ou ton téléphone par internet, comme voler tes bonbons numériques ou casser tes jeux. C'est pour cela qu'il faut toujours protéger tes appareils avec de bons mots de passe.

Intelligence artificielle (IA) : C'est quand nous essayons de faire en sorte que nos ordinateurs pensent et agissent un peu comme des humains. C'est un peu comme si nous essayions de leur apprendre à jouer à un jeu de société, à résoudre des problèmes ou à comprendre ce que nous disons.

Machine learning : C'est un autre nom pour l'apprentissage automatique, où nous laissons nos ordinateurs devenir des élèves et apprendre tout seuls.

Réseau social : C'est un endroit sur internet où tu peux partager des photos, des vidéos et des idées avec tes amis, comme un parc numérique où tout le monde peut se retrouver pour discuter et jouer.

Robot conversationnel : C'est un autre nom pour un chatbot, c'est-à-dire un robot avec lequel tu peux discuter sur ton ordinateur ou ton téléphone.

SEO (Search Engine Optimization) : C'est un moyen d'aider les gens à trouver plus facilement ton site Web sur internet. C'est comme si tu donnais à ton site Web un grand panneau lumineux pour que tout le monde puisse le voir.

FIN

Ou peut-être n'est-ce que le début ?

Printed by Amazon Italia Logistica S.r.l.
Torrazza Piemonte (TO), Italy

54027396R00067